JN227122

チームで取り組む生徒指導

アクティブ・ラーニングを通して深く学ぶ・考える

石川美智子 著 Michiko Ishikawa

ナカニシヤ出版

はじめに

　佐世保女子高校生殺害解剖事件，大津のいじめ事件，川崎市中学1年生殺害事件など児童生徒にかかわる事件が毎年のように起こり，そのたびに人々は心を痛めます。このような大きな事件になる前に，担任は，そして校長は，防ぐことができなかったのでしょうか。児童相談所や警察とは連携していなかったのでしょうか。とくに教師を目指す学生・大学院生の疑問は，大きいはずです。

　文部科学省は，1963年「青少年非行防止に関する学校と警察との連携の強化について」という通知を出し学校警察連絡協議会を設置して，学校と警察の連携を求めています。つまり，学校内外の専門家によるチーム援助について，今から50年以上も前に文部科学省は通知を出しているということです。その後も，「学校の『抱え込み』から開かれた『連携』へ」（文部科学省,1998），「児童生徒の問題行動への対応のための校内体制の整備等について」（文部科学省,1998），「サポートチーム等地域支援システムづくり推進事業」（文部科学省,2002）といった通知が行われ，学校内外のチーム援助を求めています。文部科学省から何度も通知文が出されているということは，チーム援助が重要であるにもかかわらず，機能していないためではないかと思われます。

　それでは，なぜ，チーム援助が進まないのでしょうか。日本の学校の特徴を見てみますと，スクール・カウンセラーやスクール・ソーシャルワーカーは，ほとんどが非常勤です。日本の学校の正規職員は，事務職以外はほとんど教師です。一方，特別なニーズ教育が進んだ欧米の学校には常勤のスクール・カウンセラーが，教育委員会には常勤のスクール・サイコロジストが配置されています。また，スクール・ソーシャルワーカーが配置されている学校もあります。

　日本のほとんどの学校では，校内のチーム援助体制を教師のみで組むことになり，教育以外の専門性は低いため，困難をかかえた児童生徒に適切な対応ができない場合もあります。校内の教師以外の非常勤の専門家とチームを組もうとすると，専門家の出勤日を待つ間にタイミングを失う場合もあります。校外の専門家とチームを組むときには，専門性や専門用語の理解からスタートするという状況です。また，担任が，児童生徒のために警察や児童相談所等と連携する場合，校長の許可が必要です。しかし，校長・教頭も含めて，教師は，教師以外の専門家とチームを組む訓練を受けたことがないのです。校外専門家にしてみれば，児童生徒のために連携をしたいが，学校のだれと連携したらよいかわからない状況でもあります。学校の専門家は，非常勤のスクールカウンセラー，担任，学年主任，生徒指導部長，養護教諭，教育相談担当教師，教頭，校長等があげられます。学校外の専門家にすれば，学校は連携するにはハードルの高い，内部が見えない施設に映るのではないでしょうか。

　本書は，校内外のチーム援助を進めるための生徒指導の本です。現代の学校における生徒指導の問題を解決するには，教師と多様な専門家がチームを組むことが必要です。本書はチーム援助を組む場合の教師の指針となるもので，生徒指導について，理論ばかりでなく実践的理解が深まることを目的としています。教師を目指す学生の教科書であり，教師になった人も職員室の机に

置いて，いつでも読めるものにしました。また，校内研修で使えるように，事例を多く入れました。本書の事例は，それぞれの課題とチーム援助がうまく表現されるように，創作したものを中心にしています。また実際の事例を紹介する場合も事例の公表の承諾を得て，授業の目的に影響がないように個人が特定されないように改変しました。できるだけ，実践的な能力をつけていただきたいと考え，チーム援助事例をいくつか紹介していますが，人間関係の答えは一つだけではありません。解決方法を考える参考にしてください。

　大学における教育は，どちらかといえば，基本的で一般的なこと，普遍的なことを伝える傾向があります。教師を目指す学生・院生，および，若手教員が，生徒指導やチーム援助を進めるためには，統計データや理論だけでは，もう一つ理解が深まりません。実際，若手教員のなかには，保護者面接や家庭訪問を行っても，どうしていいかわからず，玄関先で帰ってくる人さえいるのです。学校における生徒指導は，複雑性，不確実性，不安定さ，独自性，価値葛藤という現象をかかえています。一般的，普遍的なことだけでは解決できない状況です。

　また，現代の教師の課題として，保護者への対応があります。これについても演習と，現在の保護者がおかれている社会背景と生徒の変化を示しました。このように本書は，学校で普通におきる事例を演習として取りいれ，そのうえで，データを示し理論として提示していきます。これらの学習方法によって，読者に，生徒指導への深い理解を促すことができるよう工夫してみました。

　教師は生徒との信頼関係を前提として，教育や支援を行います。また，教師は生徒のためにどうしたらよいか，また，生徒とよい関係を作るためにはどうしたらよいかを重視しなければなりません。教師の役割を示し，保護者や生徒の動きと生徒指導後の変化を学ぶ学習は，教師になってからの実践に役立つものと思います。

　さらに，本書は導入問題や事例，復習問題を各章で取り入れました。導入問題は，学習内容にかかわる重要な問題です。学習者は，導入問題を通して，学習について疑問をもったり，話し合ったりすることができると思います。そして，学習内容に入ります。最後の相互学習のための質問・自分の感想は，内容の理解だけでなく，学習者が講義を受けて疑問に思うこと，発展内容について，想定します。これらを通して，学習者同士と講習者の相互学習ができるようにしました。その知見は，次の授業を行うにあたって，復習問題と知見の補足へとつなぐことができます。このような学習方法を通し，学習者の理解が深まると思います。

　現在，大学でもいわゆるアクティブラーニングと呼ばれる学習者参加型の授業が求められています。こうした流れを踏まえて，本書でもペアやグループで話し合って学習を進めるようにしました。そして，自分の意見やグループの意見をまとめるシートを入れました。時間がなければ必要なところだけ使ってください。グループで事例を検討することによりチーム援助への理解が進むと思われます。また本章は，大学のテキストばかりでなく，教師の研修にも使用できると思います。みなさんが，困難をかかえた児童生徒の担任となった場合に，落ち着いて対応できるよう本書をご活用いただければ幸いです。

石川美智子

目　次

01　教師になる — 1
- 01-01　さまざまな教師像　*2*
- 01-02　教師たちの葛藤とキャリアデザイン　*5*
- 01-03　復　習　*10*

Part Ⅰ　生徒指導の基礎

02　生徒指導の役割と課題 — 12
- 02-01　社会構成主義と教師の姿勢　*12*
- 02-02　学校組織における生徒指導の位置づけ　*15*
- 02-03　生徒指導の領域論から機能論へ　*16*
- 02-04　生徒指導におけるチーム援助と三つの援助階層　*18*
- 02-05　復　習　*21*

03　発達段階と児童生徒アセスメント — 22
- 03-01　児童生徒アセスメントとは何か　*23*
- 03-02　児童生徒アセスメントを行うために　*28*
- 03-03　さまざまなアセスメントの方法　*29*
- 03-04　復　習　*32*

04　発達と学習 — 34
- 04-01　児童生徒の心理・社会面に関する理論　*34*
- 04-02　学習の支援に関する理論　*39*
- 04-03　復　習　*42*

05　教科指導における開発的生徒指導 — 45
- 05-01　生徒指導の3機能　*45*
- 05-02　教科における開発的生徒指導　*46*
- 05-03　復　習　*49*

06 学校における心理教育と開発的生徒指導 ——— 52

- 06-01 心理教育の意義と背景　52
- 06-02 学校における心理教育の注意点　54
- 06-03 体験学習の種類　56
- 06-04 復　習　59

07 キャリア教育 ——— 61

- 07-01 キャリア教育の定義と課題　63
- 07-02 キャリア教育が提唱された社会背景　64
- 07-03 日本のキャリア教育　65
- 07-04 復　習　67

> Part Ⅱ　生徒指導の実際

08 保護者への対応 ——— 70

- 08-01 保護者への対応　71
- 08-02 開かれた学校と保護者の対応における管理職の役割　73
- 08-03 復　習　75

09 発達障がい ——— 79

- 09-01 特別なニーズ教育における世界と日本の動向　80
- 09-02 発達障がいと二次障がい　81
- 09-03 発達障がいと支援　82
- 09-04 復　習　86

10 不登校 ——— 88

- 10-01 不登校の実態　89
- 10-02 不登校の経過と効果的な指導　93
- 10-03 復　習　97

11 人権問題としてのいじめ ——— 99

- 11-01 いじめの定義とその実態　100
- 11-02 いじめの影響と構造　103
- 11-03 復　習　104

12　学校現場におけるいじめ問題 —————————— 106
- 12-01　学校におけるいじめの実態　*107*
- 12-02　いじめ予防のための対応　*109*
- 12-03　復　習　*112*

> Part Ⅲ　チーム援助のために

13　個別援助とチーム援助 —————————————— 118
- 13-01　事例経過　*119*
- 13-02　復　習　*125*

14　教師以外の専門家の活用と連携 ————————— 128
- 14-01　事例紹介　*128*
- 14-02　事例経過　*129*
- 14-03　復　習　*135*

15　学校における危機対応 ——————————————— 141
- 15-01　学校危機の理解　*142*
- 15-02　学校における自殺企図者への対応　*145*
- 15-03　復　習　*151*

おわりに　*153*

索　引　*154*

提出用シート

01 教師になる

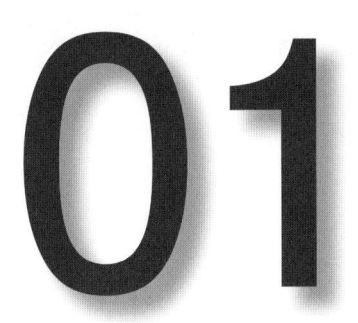

❖本時のねらい
1 教師詩や聞き取り調査を読み,さまざまな教師像を知る。
2 さまざまなデータを参考に,私生活をふまえた教師としてのキャリアデザインを行う。

❖導入問題

❶教師生活と個人の生活の両方についてうまくバランスを保つことは簡単だと思いますか(図1-1に,年代別病気休職者を示しました(文部科学省,2014)。参考にしてください)。

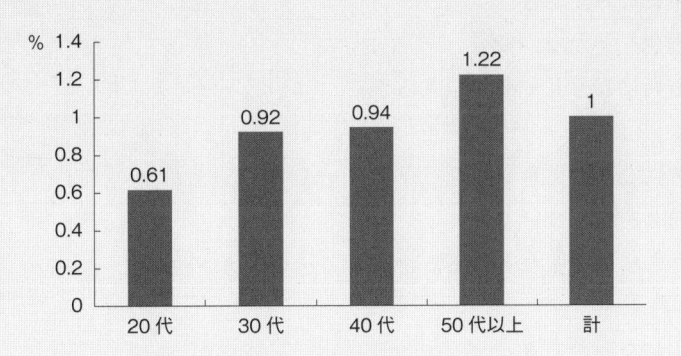

年代	割合(%)
20代	0.61
30代	0.92
40代	0.94
50代以上	1.22
計	1

図1-1 年代別病気休職者(在職者に対する割合)(文部科学省,2014)

❷教師になってから30年後に,あなたが一生懸命になっていることはなんでしょう。話し合ってみてください。

01-01　さまざまな教師像

本節では，教師詩や聞き取り調査から，さまざまな教師像について確認していきます。

(1) 教師詩

次の「教師詩」を読んでみましょう。

> 「私が先生になったとき」　　　　　　　　　　　　　　　　作者不明
>
> 私が先生になったとき
> 自分が真理から目をそむけて
> 本当のことが語れるか
>
> 私が先生になったとき
> 自分が未来から目をそむけて
> 子どもたちに明日のことが語れるか
>
> 私が先生になったとき
> 自分が理想を持たないで
> 子どもたちにどうして夢が語れるか
>
> 私が先生になったとき
> 自分が誇りを持たないで
> 子どもたちに胸を張れと言えるか
>
> 私が先生になったとき
> 自分がスクラムの外にいて
> 子どもたちに仲良くしろと言えるか
>
> 私が先生になったとき
> 自分の闘いから目をそむけて
> どうして子どもたちに勇気を持てと言えるか

01 教師になる

---

work

みなさんは，この詩を読んで，どのように感じましたか。今の気持ちを書いてみましょう。

メモ：
_____
_____
_____
_____
_____
_____
_____
_____

この詩は，教師の間ではよく知られています。教師が児童生徒に向かい合うとき，大切にしたい気持ちが書かれており，自然に教師から教師へと伝わってきました。

(2) 教師への聞き取り調査

教師の生き方は，「担任」ばかりではありません。教師といっても，いろいろな生き方があります。本項では2人の教師への聞き取り調査を紹介します（石川による調査（未公刊）；前者が2008年，後者が2012年）。いろいろな教師生活があることを理解し，その一つとして参考にしてください。聞き取り調査の詳細については，プライバシーに配慮して最小限にとどめ，論旨に影響のない範囲で一部改変しています。

①教育行政職を経験した教師

高校の教師が，教育行政職を経験しながら，子どもの教育に向かいあったケースです。

> 高校の教師の頃は，国語の授業とサッカーを生徒と一緒に一生懸命やっていました。サッカー部の顧問もしていました。その後，30代で教育委員会にいきましたが，その頃のことで印象に残っているのは，県庁の廊下で座り込みをしていたデモ隊の対応をしたことです。毎日，同じ事を何回も言うので，「言いたいことはわかった。廊下をあけなさい」と言い，解散させました。その後，校長職につきましたが，校長の頃は，用務員さんとよく話をしました。彼らは学校内のことをくわしく知っていましたから，雑談をしながらどうしたら学校がよくなるか考えていました。そして，再び教育委員会にもどりました。最後は，校長職で終わるかと思いましたら，定年間際に，再び行政の方に呼ばれ，入試改革をしてほしいと言われました。それで，教育長になりました。教育長になってからは，いい先生，りっぱな先生を捜していました。学校にはいい校長先生が必要です。教育長時代も保護者の苦情を聞くことはありました。直接，ご両親が苦情を言いに来られて，とても感情的になっておられました。このまま帰したら，ご両親にとっても学校側にとっても，よくないと思い，話を聞きました。話を聞いているうちに，ご両親は，落ち着かれていきました。現在は，退職しています。

② 25年間の講師経験を経て47歳の初任教師

47歳の初任教師の聞き取り調査を紹介します。

> 私の頃は県の教師採用数が，1名か2名でした。そのため非常勤・常勤講師として，定時制から進学校まで21校の学校を経験しました。したがって，教科指導では困らないようになったと思います。しかし年度の終わりには，次の仕事があるか不安でした。そのため，いろいろな先生に気配りをすることも経験しました。今は，生徒のために先生方に気を遣っています。もともと自分には，教師しかないと思っていましたし，民間会社で，決められた仕事を決められた通りにすることは，自分には向かないと思っていました。両親は，正規の会社員を勧めていましたが，次第に私が教師以外の職業につくことを諦めました。高校時代から，バレーボール部に所属していました。その関係で，常勤講師のときもバレーボール部を受け持っていました。指導したバレーボール部が全国大会にいったこともありました。

　いかがだったでしょうか。ここで取り上げた二つの例は，いずれも，児童生徒のために教師をまっとうされている方の生き方です。もちろんこの他にも担任をまっとうして児童生徒とともにいる教師，部活に熱心で休日も部活動のため出勤する教師，教材研究に熱心な教師などさまざまな教師としての生き方があります。

work

教師詩や聞き取り調査を読んで教師のイメージは変わったでしょうか。自分の学校生活を振り返りながら,どのような教師になりたいか,素直な気持ちを書いてみてください。

メモ：_____
_____
_____
_____
_____
_____
_____
_____

01-02　教師たちの葛藤とキャリアデザイン

「キャリアデザイン」とは,自分の人生において,仕事に費やす部分についてのプランをもつことです。自分らしく長く教師を続けるためには,キャリアをデザインする必要があります。本節では,自分が教師になった場合を考え,キャリアデザインについて考えましょう。

(1) OECD 参加国と日本の教師の比較

教師としての生活を考えるうえで,参考となるデータを紹介します。ここで紹介するOECD 国際教員指導環境調査（TALIS：Teaching and Learning International Survey）とは,学校の学習環境と教員の勤務環境についての国際調査です。2013年に実施された第2回調査には日本を含む34か国・地域が参加しています（国立教育政策研究所,2014；調査対象者全国192校,各校約20名（校長192名,教員3,521名））。

●教員の勤務時間は他の参加国よりも特に長く,人材の不足感も大きい
・日本の教員の1週間当たりの勤務時間は参加国最長（日本53.9時間,参加国平均38.3時間）このうち,授業時間は参加国平均と同程度である一方,課外活動（スポーツ・文化活動）の指導時間が特に長い（日本7.7時間,参加国平均2.1時間）ほか,事務業務（日本5.5時間,参加国平均2.9時間）,授業の計画・準備に使った時間（日本8.7時間,参加国平均7.1時

間）等も長い。
・質の高い指導を行う上で，教員数の不足，特別な支援を要する生徒への指導能力を持つ教員や支援職員の不足などの問題が考えられる。

このように，日本の教師は世界的にみてもかなり多忙です。この理由の一つとして学校に，スクール・カウンセラーやスクール・ソーシャルワーカーなど教師以外の専門家が非常に少ないため，いろいろな役割を教師が担うのを期待されていることも挙げられるでしょう。このことは，本書の柱の一つですので，本書後半でくわしく説明していきます。

(2) 教師の葛藤

高木ら（2008）は，教師の職務葛藤とキャリア適応力が，ストレス反応にどのように影響するかについて大規模な調査を行いました（調査対象者：管理職・養護教諭を除く20代，30代，40代，50代合わせて1680名の教師）。本項では，次項で教師としてのキャリア・デザインを考えるために，この調査について紹介していきます。

①用語の解説

[1] 職務葛藤　「職務葛藤」とは，職場が個人に「要請すること」が，個人の能力や適性で「できること」を超えることをいいます。「職務葛藤」は場合によってはストレスになり，健康を損なったり，仕事の効率が低下したりするといわれています。高木ら（2008）の調査では，「職務葛藤」を表1-1のように三つに整理しています。

表1-1　3つの職務葛藤（高木ら，2008）

職場環境	授業・学級経営	個別の生徒指導
行事や会議の計画立案，報告書の作成　など	困難をかかえた生徒の対応や個別学習指導，保護者との調整　など	児童生徒をまとめること，教材研究　など

[2] キャリア適応力　「キャリア適応力」とは，職業に関する自律的な能力開発を行うことで，個人と職業の間の葛藤を改善するという能力・態度をいいます（渡辺・ハー，2001）。高木ら（2008）の調査の質問項目では，「自分に必要な能力や，仕事を充実させていくうえでの計画・見通しをもっている」「これから教師としてどう成長していくといいのか，将来の自分の姿について考えることが多い」などです。「キャリア適応力」の促進により職務葛藤が改善され，結果として不健康や離職のリスクの低下，仕事の効率上昇が期待できるとされています。

[3] ストレス反応　「ストレス反応」は，バーンアウトと仕事の効率低下の二つの面から

検討されています。「バーンアウト」とは、仕事に興味が無くなり燃えつきることを意味します。バーンアウトの質問項目は、「いつも神経がすり減った感じがする」「絶望感を感じる」などです。「仕事の効率低下」の質問項目は「ミスが多くなっている」「ものごとに集中できない」などです。

②調査結果の概要

図1-2に、年代別、教師の「キャリア適応力」と、教師の「ストレス反応」の関係を示しました。

高木ら（2008）の調査から、全年代において、「キャリア適応力」には、おおむねストレス反応を抑制する効果が認められるという結果が得られています。しかし、40代以外の教師にとってのキャリア適応力には「職務葛藤」「ストレス反応」への緩衝効果に限界があるという結果も認められています。さらに、児童生徒とかかわる「職務葛藤」と「キャリア適応力」は、年代とともに低下し、バーンアウト傾向は20代より、40、50代の方が強くなるという結果が得られています。

高木ら（2008）の調査結果を年齢別にみていくと、20代は「職務葛藤」が高いものの、「困難をかかえた生徒の対応や個別学習指導、保護者との調整」などの「授業・学級経営」の職務葛藤以外はストレス反応になっていないという結果が得られています。そればかりでなく、20代では、「キャリア適応力」はすべての分析において「ストレス反応」を抑制する効果が認められました。これは、20代教師は、教師として未成熟ですが、体力や私生活に余裕があり、高い動機づけをもってあたることができるからではないかと考察されています。

30代になると、教師として成熟するいっぽう、「職務葛藤」が20代と40・50代の中間的位置にあります。そして、教師としての「得意分野」「不得意分野」が明らかになってきます。

40代では、「職務葛藤」が「ストレス反応」に影響してきます。しかし、40代教師におい

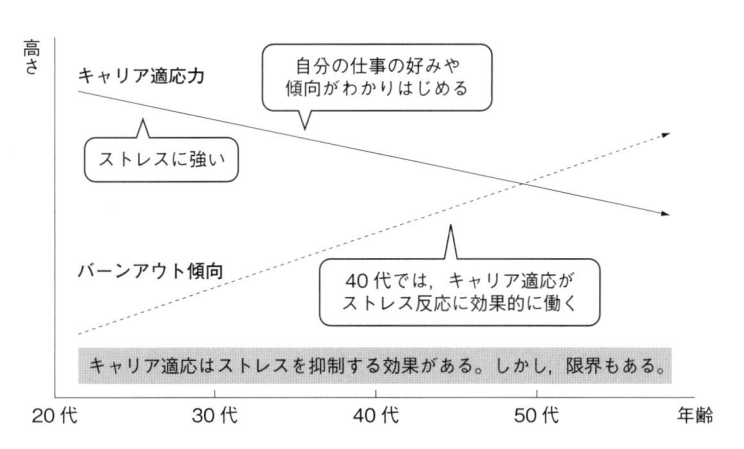

図1-2 年代別、教師の「キャリア適応力」と、教師の「ストレス反応」の関係
（高木ら（2008）を元に筆者作成）

ては,「キャリア適応力」の効果が積極的に働き,職務葛藤が高い状況におかれても「ストレス反応」の上昇を抑える効果が認められました。

しかし,50代では,「ストレス反応」として「仕事の効率低下」が顕著にみられるという結果になっています。

(3) 教師のキャリア適応力を維持するために

小・中学校の非正規教師（非常勤講師・常勤講師）は,年々増加して2010（平成22）年度には15.6%でした（文部科学省, 2011）。社会全体としても非正規雇用の割合は,高くなっています。平成22年度の公立学校の教師採用平均年齢は,小学校27.8歳,中学校28.6歳でした（文部科学省, 2010）。大学を卒業してすぐに教師になる人は,少ない状況です。したがって,本項では,高木ら（2008）の論文を参考に,経験年数別に,キャリア適応力を維持する方法をキャリアデザインの観点から考察してみたいと思います。教師として長く勤めるためには,高いキャリア適応力をもち続けることが重要です。とくに,教師経験が30年を越えると,キャリア適応力が低下しますから,その形成が必要となります。

高木ら（2008）の結果から,教師経験10年未満では,多くの教員がやる気もあり自ら学ぼうという姿勢をもっていると考えられます。つまり,キャリア適応力が高いケースが多いのです。また,教師経験20-30年未満は,「職務葛藤」が高いのですが,なぜこの年代でキャリア適応力にストレス反応を抑制する効果が認められるのでしょうか。それは,教師経験20-30年未満の時期は,教師として成熟し,児童生徒や保護者を理解し,計画立案も納得できるものを作れるようになって,教師生活が充実している時期だからではないかと思われます。積極的に仕事を行おうという姿勢がキャリア適応力の効果として表れているのではないでしょうか。「脂ののりきった世代」という言葉もあるように,仕事がおもしろい時期です。

では,その気持ちを,教師経験30年以上の教師がもち続けるためにはどうしたらいいのでしょう。高木ら（2008）の調査では,教師経験10-20年未満で,好きなことや向いている仕事の傾向が,明らかになると指摘されました。このような教師経験10-20年未満で身につけた仕事の得意な面が,その人の教師としてのアイデンティティとなる可能性があります。教師経験30年以上ともなると,高木らの指摘した個々のアイデンティティとなるものを深めて,キャリア適応力を高めることが必要ではないかと思われます。

その一つの方法として,国家公務員や地方公務員に対して,自己啓発等休業制度があります（人事院, 2008）。大学などにおける修学や国際貢献活動を希望する教師に対して,身分を保有したまま職務に従事しないことを認める休業制度です。実際,大学院修学休業制度を利用している教師は,192名います（文部科学省, 2014）。

このような制度や,研修会参加・自主的な勉強会などを利用し,自分の教師生活をもう一度整理し充実させることが,教師経験30年以上のキャリア適応力形成につながるのではないでしょうか。

work 自分のキャリアデザイン

　みなさんもこれらの調査結果と考察を参考にして，教師生活をイメージしながらキャリアデザインを行ってみてください。すぐに教師になることは難しいかもしれません。現実と折り合いをつける必要もあるでしょう。したがって，私生活も含めたキャリアデザインを考えてみてください。大切にしたいことをしっかり書いてください。

私の22歳：_____
_____
_____
_____

私の25歳：_____
_____
_____
_____

私の30代：_____
_____
_____
_____

私の40代：_____
_____
_____
_____

私の50代：_____
_____
_____
_____

01-03　復　習

　残念なデータですが，図1-3に年代別，教師の精神疾患による休職者を示します（文部科学省，2014）。在職者に対する割合を示したものです。教師のキャリアデザインの参考にしてください。

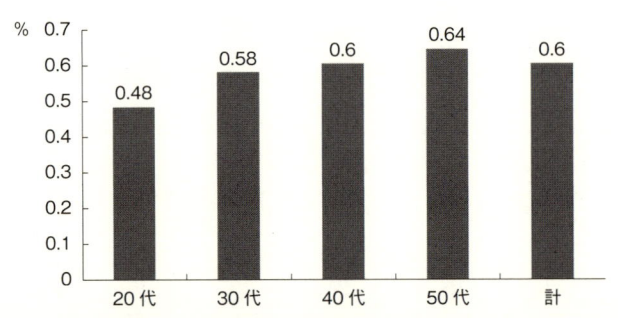

```
%  0.7
   0.6         0.58   0.6    0.64   0.6
   0.5  0.48
   0.4
   0.3
   0.2
   0.1
   0
       20代    30代   40代   50代   計
```

図1-3　年代別，教師の精神疾患による休職者（年代別在職者に対する割合）（文部科学省，2014）

❖復習問題
①教師生活を長く勤めるためには，職業に関する自律的能力開発が必要です。このことを渡辺・ハーは何と呼んでいますか。
②教師経験30年以上のキャリア適応力を高める方法を考えましょう。
③あなたが考えた教師のキャリアデザインを他の人と話し合ってください。

【引用・参考文献】
国立教育政策研究所（2014）．OECD国際教員指導環境調査（TALIS）のポイント〈http://www.nier.go.jp/kenkyukikaku/talis/imgs/talis_points.pdf（2015年4月6日確認）〉
人事院（2008）．自己啓発等休業制度パンフレット
高木　亮・淵上克義・田中宏二（2008）．教師の職務葛藤とキャリア適応力が教師のストレス反応に与える影響と検討　教育心理学研究, 56, 230-242.
文部科学省（2010）．学校教員統計調査
文部科学省（2011）．学級編制・教職員定数改善等に関する基礎資料
文部科学省（2014）．平成24年度公立学校教職員の人事行政調査について
渡辺美枝子・ハー, E. L.（2001）．キャリアカウンセリング入門　ナカニシヤ出版
OECD（2014）．国際教員指導環境調査

Part Ⅰ
生徒指導の基礎

02 生徒指導の役割と課題

❖本時のねらい
1 生徒指導の導入の歴史と役割，種類を知る。
2 現在の生徒指導の課題について理解する。

❖導入問題
❶小中高校時代，登校時校門の前に教師が立っていたと思います。それを企画立案した「係名」は何でしょうか。
❷開発的生徒指導という言葉を聞いたことがあるでしょうか。話し合ってみてください。
❸困難をかかえた児童生徒の援助のために校内外チーム援助を行うことは，可能でしょうか。話し合ってください。

02-01　社会構成主義と教師の姿勢

(1) 社会構成主義とは何か：教師は接客業？

　「生徒指導」についての講義を進めていくと，学生から，「教師も接客業のようなことをするのか」と驚きの声があがることがあります。自分が想像していた生徒指導のイメージと異なっていたのでしょう。
　近年，教育の世界ばかりでなく，医学においても，「インフォームド・コンセント」と呼ばれる合意形成が行われるようになりました。医療は医師と患者の共同作業で進めていくものという考え方に基づいて，医師が患者に治療法の種類や長所・短所などをすべて話したうえで，患者の考えを反映させて医療内容を決めるのです。
　このような変化をもたらすきっかけとなった考え方の一つに，社会構成主義が挙げられます。1990年代から，現実は社会的に構成されるとする社会構成主義が，専門家中心の流れに影響

を与え始めました。宇留田（2004）は「社会構成主義の影響によって［…略…］援助を受ける人を対人援助サービスという社会的資源の主体的な『利用者』（ユーザー）とみなすという発想の転換が生じ，社会福祉サービスの改革・学校改革などの政策が行われた」と指摘しています。

では，この社会構成主義の影響を受けて，生徒指導と教育相談は，どのように変化したのでしょうか。

(2) 生徒指導の歴史

中井は，有村（2008）の資料を生徒指導と教育相談の歴史的変遷の図（図2-1，図2-2）にしてまとめています（中井, 2010）。本項では，この図を参考に，生徒指導や教育相談が，どのように日本の教育のなかに取り入れられたかを説明していきます。

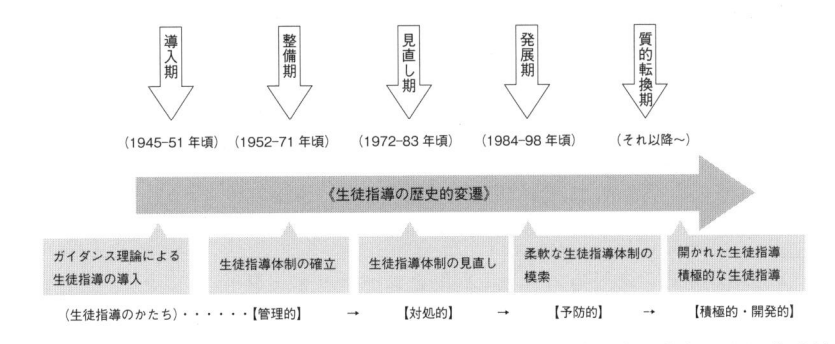

図2-1 生徒指導の歴史的変遷（有村（2008）の資料をもとに中井（2010）が作成した図に基づく）

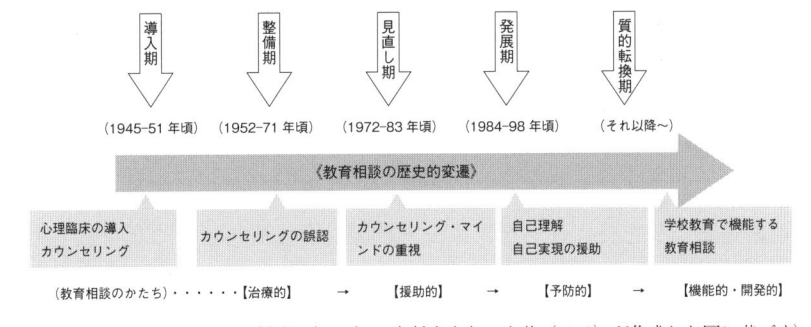

図2-2 教育相談の歴史変遷（有村（2008）の資料をもとに中井（2010）が作成した図に基づく）

①生徒指導の導入から現在までの流れ

[1] **1945-51年頃：生徒指導の導入**　　まず，「生徒指導」が日本の学校に初めて導入されたのは，アメリカのガイダンス理論としてでした。「ガイダンス」とは，日本語では指導助言と呼ばれます。鵜養（2004）によれば，1947年の教育改革において，社会背景や財政基盤が異なるアメリカの学校教育をモデルに始まりました。それは，生徒個人の発達を目的とする助言や指導中心のものでしたが，あまり定着しませんでした。

[2] **1952-71年頃：ロジャーズのクライエント中心療法**　　1952-71年頃には，ロジャーズ

のクライエント中心療法に基づいた面接が学校に導入されました。しかし,「少年非行の第2ピーク」(文部科学省,2005)と呼ばれる状況のなか,学校現場で「受容,共感」だけでは「アセスメント」や「指示」につながらないという思い込みが生じ,生徒指導と教育相談はうまく機能しませんでした。

　[3] 1972-83年頃:カウンセリング・マインドの導入　1972-83年頃,学校では教師への暴力,登校拒否の増加が問題となりました。管理教育が積極的に行われましたが,その弊害も指摘され,1980年頃から生徒の個性や自主性を重んじるカウンセリング・マインド(☞94頁)がすべての教師に求められるようになりました。

　[4] 1984-98年頃:スクール・カウンセラー制度の導入　1984-98年頃は,不登校のさらなる増加,いじめ事件の急激な増加が問題になり,その対策として,1995年にスクール・カウンセラー制度が導入されました。

　[5] 1999年以降:スクール・ソーシャルワーカー制度の導入　1999年以降,学校内ですべての問題を解決しようとする学校の「抱え込み」が課題となり,開かれた学校として,学校と家庭,地域,学校間の連携が求められました。この時期にスクール・ソーシャル・ワーカー制度の導入も試みられています(文部科学省,2008)。

②今後の相談活動のあり方:チーム援助とコーディネーター

　現在,学校では,問題行動の対処に力を入れるよりも,問題行動を予防し,育てるための教育に力を入れることに重きをおき,児童生徒の自己実現のため,自己指導能力の育成を図ろうとしています。学校も社会構成主義の影響によって,教師の権威的指導から児童生徒を中心に援助しようという流れになってきたのです。ガイダンス理論の中心になるのは,心理教育やキャリア教育です。

　また,文部科学省(2003)は,今後の相談活動のあり方として,「チーム援助」と「コーディネーター」の重要性を指摘しています。生徒を援助する校内外サポートチームを作ることや,連絡調整などを行うコーディネート教職員を位置づけることを促しています。チーム援助のねらいは,複数の教職員の目で生徒をみて,援助者が必要な情報や能力を補い合って援助にあたることにあります。さらに,現在,生徒指導の目標は,児童生徒の自己実現を図るために,自己指導能力を育成することにおかれています(文部科学省,2011)。

　チーム援助については第Ⅲ部で紹介しますが,チーム援助を行うためには,共通の理解となるアセスメントと方針が必要です。そのため,これからは,医療職,福祉職のように教師もアセスメントと方針が立てられる専門性が必要となることが予想されます。みなさんもそういう専門的知識をしっかりと学んでいきましょう。

　なお①でも取り上げたように,1950年代以降の学校の生徒指導や教育相談の現場では,クライエント中心療法だけの援助は,うまく機能しませんでした。学校現場は多様な理論の折衷が求められます。本書では,最低限必要な理論を紹介しますが,教師およびこれから教師になる

みなさんは，積極的に勉強し実践の裏付けとなる理論を求めてください。すぐれた教育実践と理論の相互作用がうまれ，多くの人が模倣することにより，教育の発展が実現するのです。

(3) 指導と援助は両立するか？

図2-1でみたように生徒指導の流れは，社会の変化に伴って，個人の指導からチーム援助，管理教育からカウンセリング・マインド，問題行動の対処からガイダンスへと変わってきました。それでは，教師個人のなかでは，問題行動の指導とガイダンス機能である援助は両立しないのでしょうか。

例えば，ユング心理学では，「切る父性的指導」と「包み込む母性的援助」という対立軸で捉えています。一方，フロイトは，人間の行動は現実原則と快楽原則に従っていると説明しています。言い換えるならば，「現実のルールに従うこと」と「欲求を満足させること」で人間は，行動を規定しているということです。

しかし，教師は，教育実践の場において自然に指導と援助を使い分けています。具体的には，教師は児童生徒にルールを示し，必要ならば援助しているのです。そこで，指導と援助の二つを葛藤と考えず，一貫した教育として捉える観点が重要になります。それでも，個人のなかで葛藤となるようなら，複数の教師でのチーム援助が必要になります。

02-02　学校組織における生徒指導の位置づけ

ここで，従来の学校組織における生徒指導の位置づけを一般的な学校組織図（図2-3）から確認してみましょう。日本の学校の教師には，担任業務・授業のほかに「校務分掌」として，学校を運営する仕事があります。各分掌には主任がおかれ，各教師に仕事が割り当てられ企画運営を行います。教師による企画は各分掌会議で了承され，校長および主任の集まる運営委員会で検討され職員会議に提出されます。企画書には，役割分担と日程が書かれており，それにそって教職員が仕事を行います。時間割作成，進路模試，体育祭，健康診断，自転車点検など，教師が企画運営をしています。教師は，教材研究の他に校務分掌の企画立案をしなければならないため，多忙です。

どの学校にも，こうした校務分掌のなかに生徒指導部があります。生徒指導部は，教務部，進路部と並んで重要な分掌で，服装指導や問題行動への対処，交通安全指導などの中心的な企画立案を行います。生徒指導を推進するにあたって配慮すべき点は，全校指導体制を構築したうえで業務を推進することです。

導入問題の❶で扱った朝の教師による校門指導は，一般的に生徒指導部の企画立案になっています。多くの学校では，教育相談担当教師は，生徒指導部または保健関係に所属しています。

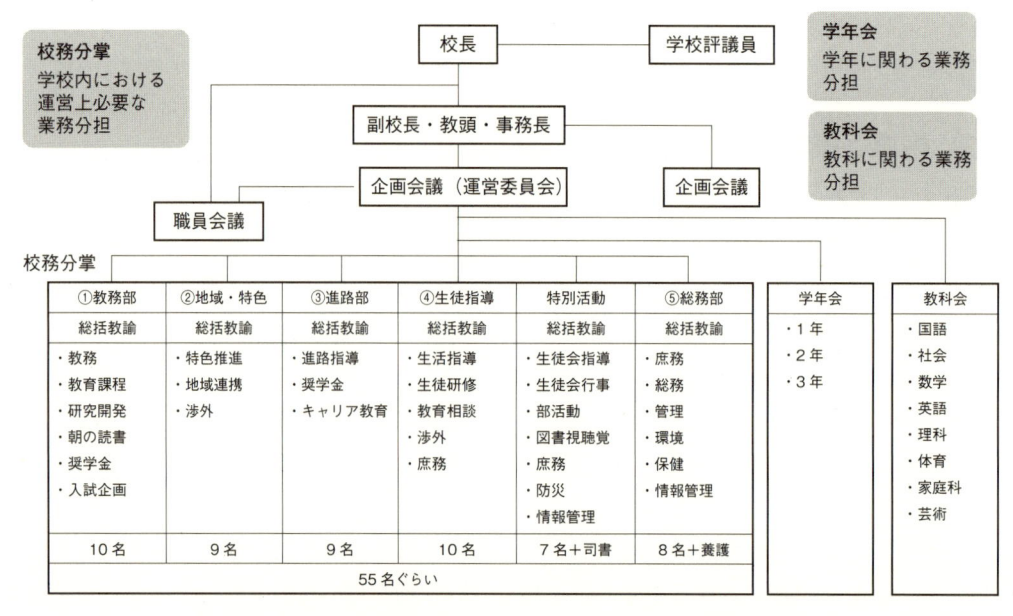

図 2-3　高等学校組織図（神奈川県立磯子高等学校 HP 等を参考に作成）

02-03　生徒指導の領域論から機能論へ

（1）学校における児童生徒の近年の変化

河村は，非常に大規模な児童生徒の学校生活の実態調査を行いました（河村，2010；調査対象：全国約 1800 校，5 万人の児童生徒；調査時期：2005 年 10 月～2006 年 1 月）。本節ではこの調査を紹介し，近年の学校における児童生徒の変化について確認していきます。

まず表 2-1 を確認すると，前向きな学習意欲をもっている児童生徒は小学生で 80％，中学生で 40％ です。教師の指示を素直に受け入れる小学生は 50％，中学生は 20％ となっています（表 2-1）。逆に教師の指示を素直に受け入れない小学生は 20％，中学生は 40％ でした。学級の決まりを守らない児童生徒は，小学生では 20％，中学生では 40％ と増えます。

この結果から，学習や教師の指示に前向きな児童生徒は，学年進行とともに減ることがわかります。従来の教科指導だけでは，集団として規律のあるクラスを維持することは難しい状況だと考えられます。

次に，児童生徒の友人関係について確認してみます（表 2-2）。何でも話せる友だちが，一人もいない小学生は 7％，中学

表 2-1　学校の児童生徒の実態（％）（河村，2010）

	小学校	中学校
前向きな学習意欲	80	40
教師の指示を素直に受け入れる	50 (20)	20 (40)
係活動等に責任を持って取り組む	60 (10)	50 (20)
学級の決まりを遵守	50 (20)	30 (40)

（　）否定する児童生徒

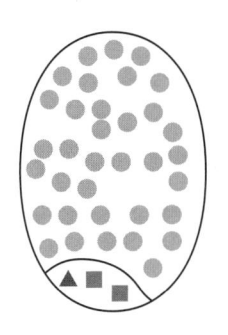

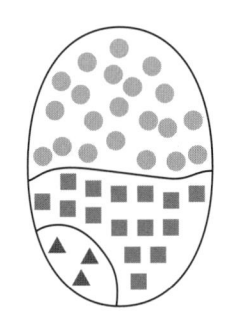

表 2-2 児童生徒の実態（友人関係）（%）（河村，2010）

何でも話せる友達の数	小学校	中学校	みんなと仲よくしなければいけないと思うか	小学校	中学校
6人以上	29	28	とてもそう思う	66	50
4-5人以上	22	25	少しそう思う	23	32
2-3人以上	33	35	あまりそう思わない	6	14
1人	9	6	まったく思わない	5	4
いない	7	6			

図 2-4 従来と最近の学級集団（河村，2010）

● 開発的生徒指導のみでよい児童生徒
■ 予防的生徒指導が必要な児童生徒
▲ 治療的生徒指導が必要な児童生徒

生は6%です。また，みんなと仲よくしなければいけないと思うかという質問に「まったく思わない」小学生は5%，中学生は4%，「あまりそう思わない」小学生は6%，中学生は14%という結果になっています。

　児童生徒は，集団としての前向きな学習意欲が年齢とともに少なくなり，友人関係においても協調性が少なくなる傾向があります。集団の特徴として，一つの傾向が示されると，集団の圧力となって広がっていきます。みんなで学ぼうという高次な雰囲気がなくなり，教師が何も手を打たなければ，学級集団として成立しない可能性があります。とくに，自己に対する評価（自尊感情）の低い集団では，よくなりたいという気持ちが低く，集団のトラブルなどの問題行動が起きやすくなります。そうなると，教師は問題行動への対処に大きな力をそそがなければなりません。

　図2-4に，従来と最近の学級集団の違いについての河村（2010）の整理を示しました。この図は，従来の学習集団には，予防的生徒指導（後述）が必要な児童生徒が少なかったのですが，近年は増えているということを示しています。

(2) 生徒指導の役割の変化

　このような児童生徒の変化に伴って，生徒指導の役割が従来と異なってきました。かつて，生徒指導と教科指導は，学校を支える両輪にたとえられました。しかし，生徒指導については，『生徒指導の手引』（文部省，1965）のなかで「学校がその教育目標を達成するための重要な機能」であると述べられました。

　社会の変化に伴って，児童生徒が変化し，生徒指導は，学校教育のすべての領域に必要な機能として位置づけられるようになりました。つまり，領域論から機能論へと役割が変化したのです（図2-5）。

　その結果，前節の学校組織図で示した生徒指導

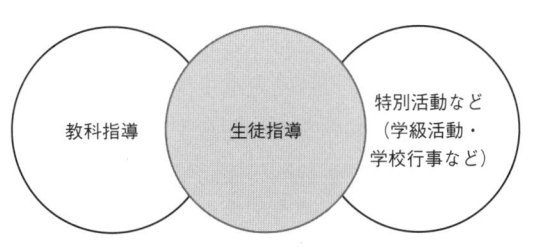

図 2-5 現在の生徒指導の機能

部の校務分掌だけが，生徒指導を担当すればよいという時代から，個々の教師が生徒指導を工夫して，ときにはチームで対応する時代へと変化してきているのです。

02-04　生徒指導におけるチーム援助と三つの援助階層

(1) 『生徒指導』の手引きから『生徒指導提要』へ

　上述のように，1965年に当時の文部省は生徒指導のあり方を示した『生徒指導の手引き』を発行しました。その後も，部分的な改訂が続けられ，そのつど生徒指導のあり方を示してきましたが，社会の変化，児童生徒の変化とともに，2011年に『生徒指導提要』が作られました（文部科学省, 2011）。

　ここで『生徒指導提要』の概要について説明しておきましょう。以前は学校における生徒指導は，問題行動などに対する対応にとどまる傾向がありましたが，『生徒指導提要』では学校教育として，より組織的・体系的な取組ができるように学校・教職員向けの基本書というべき内容が盛り込まれました。具体的には，学校による組織的対応や，学校種間の連携，校外関係機関とのネットワークなどが述べられており，チーム援助を従来以上に進める内容となっています。さらに，小学校，中学校，高校と学校段階別に生徒指導のあり方を示し，発達障がいとその対応についても記載されています。そして，児童生徒全体への指導と，個別の課題をかかえる児童生徒への指導の基本的な考え方が述べられています。

(2) 生徒指導の三つの援助階層とその意義

　図2-6に生徒指導の三つの援助階層を示しました。

　生徒指導のうち，問題行動を起こした児童生徒に対処する治療的生徒指導が，最も目立ちますが，実は生徒指導には，問題行動を事前に予防する予防的生徒指導，さらに，すべての児童生徒の発達を促進する開発的生徒指導を含めて三つの階層があります。ここでは，治療的生徒指導以外の二つの階層について説明してみましょう。

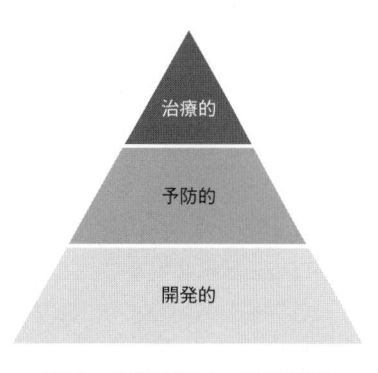

図2-6　生徒指導の三つの援助階層

①予防的生徒指導

　予防的生徒指導とは，問題の除去および児童生徒の強みを活かして問題への耐性を高める援助を行うことです。急に成績がさがったり，遅刻欠席が多くなった児童生徒，国籍が保護者と異なる児童生徒，家庭に悩みをもつ児童生徒等，将来困難をかかえる可能性の高い児童生徒への援助です。不登校の発生率が高ければ，事前のピアサポート活動や，気の合いそうな児童生徒へのグループ替えを行うなどの指導です。

②開発的生徒指導

開発的生徒指導とは，全児童生徒を対象とした基本的な援助です。児童生徒の発達を促す援助ともいえます。具体的には，心理教育における入学時の適応，学習スキル，人間関係スキル訓練（SST）などです。

③『生徒指導提要』において中心的役割を担うもの

『生徒指導提要』では，「生徒指導とは，一人一人の児童生徒の人格を尊重し，個性の伸長を図りながら，社会的資質や行動力を高めることを目指している教育活動のことです。すなわち，生徒指導は，すべての児童生徒のそれぞれの人格の発達を目指す……」としています（文部科学省，2011）。つまり，治療的生徒指導ではなく，発達を促す開発的生徒指導が中心的な役割を担うのです。近年，心理学の発達で，多様な人間関係スキル訓練の効果が明らかになってきました。第6章で心理教育については詳しく説明しますが，学校における心理学の応用については，みなさんが教師になった後，心理の専門家と相談しながら，検証をしていただければと思います。

(3) 生徒指導における組織対応

困難をかかえる児童生徒の諸問題に対して，学校と校外専門機関が連携しながら対応することは，従来から繰り返し促されてきました。50年以上前に，文部省は学校と警察が連携を図るために学校設置連絡協議会を設け，「青少年非行防止に関する学校と警察との連携の強化について」という通知文を出しています（文部省，1963）。

しかしながら，今回の『生徒指導提要』でも「児童生徒の問題行動等を解決するためには，学級担任・ホームルーム担任が一人で問題を抱え込むのではなく，管理職，生徒指導担当，教育相談担当，学年主任，養護教諭など校内の教職員や，スクール・カウンセラーやスクール・ソーシャルワーカーなど外部の専門家等を活用して学校として組織的に対応することが重要である」（文部科学省，2011）と改めて書かれたことからも，いかに校内外のチーム援助が重要で難しいかが，わかります。

資料2-1に海外と日本の学校を援助する専門家と，コーディネーターについて示しました。コーディネーターとは，チーム援助の問題を解決するために，チーム援助を促進する役割を果たす人です。欧米の学校では，学校に教師以外の専門家が配置されています。そして，校長か，一定の専門性の高い教職員がコーディネーターを務めています。

チーム援助のためには，援助のための専門性と，役割分担のための権限が必要です。資料2-1から日本では，校内外に教師以外の専門家が少ないことがわかります。校内外のチーム援助を行う場合に教師の負担が大きく，専門性や時間，経験という点でもチーム援助が難しい状況です。

困難をかかえた児童生徒の校内外専門家のチーム援助事例については，本書第Ⅲ部で具

体的に示します。さらに，チーム援助が成立する要因を検討するようにしました。ここではひとまず，生徒指導の組織対応の重要性と難しさを理解していただき，教師になったときに，改めて実証研究をしていただきたいと思います。

資料 2-1　海外と日本の特別なニーズ教育における学校を援助する専門家とコーディネーター

日本：社会性に課題のある児童生徒は，生徒指導担当教師が対応します。心理に課題のある児童生徒は非常勤のスクール・カウンセラーまたは，養護教諭・教育相談担当教師が対応します。障がいのある児童生徒は，特別支援教育コーディネーターが対応します。欧米の特別なニーズ教育が進んだ国と異なり，日本の教師は，研修を受ける機会が少なく専門性にばらつきがあります。スクール・ソーシャルワーカーは，社会性や経済的な課題のある児童生徒への対応を行いますが，育成機関も少なく配置校も少ないです。日本でも特別支援教育コーディネーターが各校に位置づけられました。筆者が調査したところ，ある県の特別支援教育コーディネーターの研修期間はわずか4日でした。

フィンランド：学校に常勤の特別教師，言語教師，教師アシスタントが配置されています。このほか，母国語教師，母国の宗教教師が学校を巡回訪問しています。生徒保護の取り組みのため，教師ばかりでなく，学校常勤の学校看護婦とスクール・カウンセラー（いじめやけんかなどの生活面の対応），週3日来校するスクール・サイコロジスト（家庭の悩み，ADHD，精神面の問題の対応）が対応しています。

アメリカ：州によって異なっていますが，基本的には学校に常勤で，スクール・カウンセラー，スクール・ソーシャルワーカー，スクール・サイコロジスト，ティーチャーコンサルタントが配置されています。スクール・カウンセラーは，全ての児童生徒，スクール・ソーシャルワーカーは，社会性に課題のある児童生徒，スクール・サイコロジストは障がいなどで学校生活に困難をかかえている児童生徒，ティーチャーコンサルタントは障がいあるいは障がいが疑われる児童生徒の対応をしています。日本の学校で当てはめるとスクール・サイコロジストは，教育相談担当教師や特別支援教育担当教師，スクール・カウンセラーです。スクール・カウンセラーは，生徒指導部主任，進路部主任，教育相談担当教師，担任に該当し，スクール・ソーシャルワーカーは，児童相談所職員，福祉センター児童担当にあたります。ティーチャーコンサルタントは，特別支援教育コーディネーター，教務主任に該当します。

イギリス：地方教育局の専門家は，Baseスタッフと呼ばれています。Baseスタッフは，Baseコーディネーター（責任者），教育心理士（Education Psychologists），教師，セラピスト（音楽療法士，遊戯療法士，心理療法士，ドラマ療法士，芸術療法士），インストラクター（ヨガ，アロマテラピー，ダンス），アシスタントなどです。小児科医師が医学的視点から，教育心理士が発達心理学的視点から助言を行います。そして，Baseコーディネーターと学校にいるSENコーディネーターコーディネーター（Special Educational Needs Coordinator）である教師は，連携しながら特別なニーズ教育を実行します（以上，石川，2015）。

コラム：だれがコーディネーターを担うのか：日本における今後の課題

日本でも，スクール・カウンセラー，スクール・ソーシャルワーカー等，学校にかかわる教師以外の専門家が育成されつつあります。今後，日本の学校でも児童生徒の数がへり，教師以外の専門家が多く入ってくる可能性があります。そうなれば困難をかかえた児童生徒は，今より援助を受けやすくなると思います。しかし，援助の中心となるコーディネーターは必要です。その際，だれがコーディネーターを担うのかが今後の課題です。本書の事例では，心理学と教育学の専門性の高い教育相談担当教師がコーディネーターとしての役割を担っています。

02-05　復　習

　厚生労働省は，市町村に包括支援センターを設置しています。福祉の方では，一人暮らしの高齢者世帯が容易にわかるので，積極的に援助を行っています。インタビュー調査で，ある包括支援センターの所長は「私たちは，一人暮らしの高齢者を家庭訪問して，支援ネットワークをつくり援助しています。不登校や閉じこもりの若者も支援しようと思うのですが，学校が閉ざされているので，援助のきっかけがつかめません」と述べています（石川による調査，未公刊）。

　2013（平成25）年，小学校に通っていない児童が虐待で亡くなりました。それを受けて，厚生労働省は初めて本格的な調査を行い，18歳未満の所在のわからない子どもが2900人いることを明らかにしました（厚生労働省, 2014）。保護者の問題意識が薄い場合は，すみやかに問題を発見し，教師が中心となって，校内外専門家とチームを組んで援助しなければならない状況です。

> ※復習問題
> ①多くの児童生徒の心理・社会的な発達を促す生徒指導を挙げてください。
> ②困難をかかえた児童生徒のためのチーム援助が難しい理由を，話し合ってください。

【引用・参考文献】

有村久春（2008）．キーワード学ぶ特別活動　生徒指導・教育相談　金子書房
石川美智子（2015）．高校相談活動におけるコーディネーターとしての教師の役割─その可能性と課題　ミネルヴァ書房
鵜養美昭（2004）．学校臨床心理学の課題と展望　倉光　修［編］学校臨床心理学　臨床心理学全書　誠信書房
神奈川県立磯子高等学校（2014）．〈http://www.isogo-h.pen-kanagawa.ed.jp/annai/soshiki08.html# http://www.isogo-h.pen-kanagawa.ed.jp/annai/soshiki08.html（最終閲覧日 2014 年 9 月 15 日）〉
河村茂雄（2010）．日本の学級集団と学級経営　図書文化
厚生労働省（2014）．「居住実態が把握できない児童」に関する調査結果について
文部省（1963）．「青少年非行防止に関する学校警察との連携の強化について」通知
文部省（1965）．生徒指導の手引
文部科学省（2003）．今後の不登校への対応へのあり方について（報告）
文部科学省（2005）．生徒指導関係略年表について
文部科学省（2008）．スクールソーシャルワーカー活用事業
文部科学省（2011）．生徒指導提要
中井大介（2010）．学校における指導・援助はどのように行われているか　庄司一子［編］　事例から学ぶ児童・生徒への指導と援助　ナカニシヤ出版
宇留田麗（2004）．協働─臨床心理サービスの社会的構成　下山晴彦［編著］　臨床心理学の新しいかたち（心理学の新しいかたち 9）　誠信書房

03 発達段階と児童生徒アセスメント

❖本時のねらい
1　児童生徒のアセスメントの意義と方法を知る。

❖導入問題

●下記の資料から，家庭環境や本人自身の感情などについて話し合ってみましょう。
名前を出さずに文集として公表される「保護者からの手紙」の内容です。この「保護者からの手紙」は，学校が保護者にお願いして，高校入学についてなど自分の子どもに対する思いを書いていただいたものです。子どもは，教室で保護者からの手紙を読み，自分の気持ちを深めます。

> 私が 15 歳くらいだった頃は，とにかく家の中がめちゃめちゃで，精神病の母に，家に帰って来ない父，小さな弟や妹，家族のために働いて，高校にも行けませんでした。結婚をして子供ができて，やはり，生活が苦しくてパートで働きに出ようと思っても，今も仕事が見つかりません。私に学歴がないばかりに。どうかいろいろな事をあきらめないでほしい。
> （図 3-1 の描画を描いた児童生徒の母親の手紙）

さらに，手紙を読んだ後，児童生徒に「自分も含めた家族が何かをしているところを描いてください」と説明したところ，この児童生徒は図3-1 の絵を描きました（公表にあたっては，個人が特定されないことを条件に，本人の了解を得ています）。

図 3-1

03-01 児童生徒アセスメントとは何か

(1) 児童生徒アセスメントの意義

　尾木（2006）は「一人一人の児童生徒の個性の伸長を図る上でも，授業を中心とした児童生徒の理解が不可欠である」と述べています。また廣嶋（2006）は「よりよい学級経営を行うためには，担任には，子ども一人一人が異なる良さをもっていることを理解した指導や対応が必要である」と述べています。このように学習指導や学級経営・生徒指導は，児童生徒の理解が基礎となって初めて成立するものです。文部科学省は，「児童生徒の理解」という言葉を用いていますが，本書では教育現場での客観的評価を重視し，児童生徒の課題をより正確に捉えるために「児童生徒のニーズや実態の評価・理解」を「児童生徒アセスメント」と定義します（石川, 2013）。

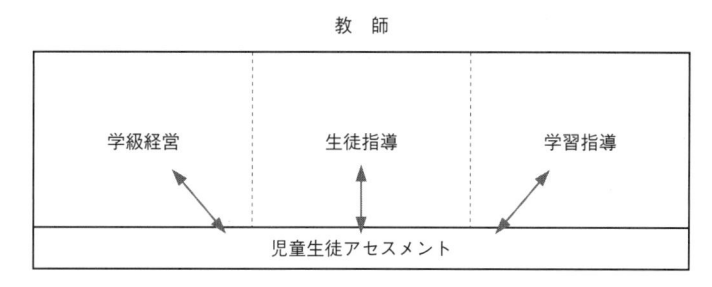

図3-2　教師の指導における基本構造（岩田（2008）教育実習生が評価される視点の概念図 改変）

　教師が児童生徒を指導するにあたっての基本構造（岩田，2008改変）を図3-2に示しました。児童生徒のニーズや実態を把握する児童生徒アセスメントは，効果的な援助のために必要です。世間では，きれる子，非行，草食系，学級崩壊など，その時々のはやりのキーワードをベースにおいた論議が進む傾向がありますが，実際の児童生徒は，個々に問題が異なっています。そのため児童生徒の一人ひとりの課題を明らかにするためにアセスメントを行い，援助の方向性を定めなければなりません。アセスメントを通して，児童生徒の課題が明確になれば，チーム援助を効果的に行うことができるのです。

　教師には経験則としての児童生徒理解の実績がありますが，アセスメントを理論的に学ぶ機会は少なく，的確な支援は難しい場合もあります。一般的に臨床心理士は，大学院時代ばかりでなく，修了後も心理アセスメントを学び続けます。アセスメントは，援助方針を立てるための基本であり，また，専門性の高い領域なのです。

(2) 児童生徒アセスメントの領域

筆者は樺澤（2013）を参考に，教師の児童生徒アセスメントの領域について図3-3に示しました。学習指導や学級経営，生徒指導を行うにあたって，集団・個人・特別なニーズを必要としている児童生徒と，この三つの領域をアセスメントすることが基本となります。

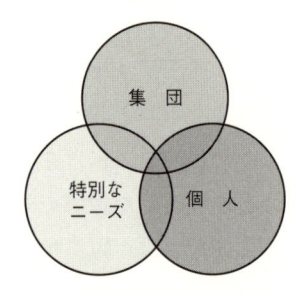

図3-3　児童生徒アセスメントの領域

①個　　人

個人の学習面，心理・社会面，進路面，健康面の状態や学級集団のなかでの関係性の双方について把握します。とくに，強みを活かせるような友人関係や個人指導などに，そのアセスメントを活かします。

②特別なニーズを必要とする児童生徒

とくに，不登校や発達障がい，体の病気，学業不振など配慮を要する児童生徒には，学習面，心理・社会面，健康面の状態をみて，個別指導を中心に進めます。「支援員」制度がある地区ではその活用も視野にいれます。支援員とは障がいのある児童生徒に対し，日常生活や学習のサポートをする人です。支援員を申請するためには，スクール・カウンセラー，養護教諭，管理職と連携しチーム援助の体制を整え，より緻密なアセスメントを記録する必要があります。

③集団（家庭環境・学校の集団）

ここでいう「集団」とは，家庭環境や学校生活をともに行う集団を指しています。児童生徒は家庭の影響を受けますので，「家庭環境」をアセスメントします。学校生活には，学級集団のような「フォーマルな集団」と放課時間などの「インフォーマルな集団」があります。

児童生徒アセスメントでは，集団の力動を把握し，指導に活かします。集団のなかの個人には，多様な心理・社会面の圧力が作用しています。その要因や背景を総合的に把握しましょう。

メモ：

Work 描画に基づく演習

　次のABCの3校6枚の絵を見てください。「自分も含めた家族が何かをしているところを描いてください」と説明されて児童生徒が描きました。それぞれの、学習面、心理・社会面のアセスメントをしてください。学習面は、描画にある情報量で考えてください。そして、学校（学級）のイメージを考えてください（描画の公表にあたっては、個人が特定されないことを条件に、本人の了解を得ています）。

A学校　a-1

A学校　a-2

B学校　b-1

B学校　b-2

C学校　c-1

C学校　c-2

Work　質問紙調査の学校別結果に基づく演習

　さらに，質問紙調査の学校別結果（図3-4, 3-5, 3-6）を確認します。描画からのA, B, C校のイメージに，下記の質問紙調査の結果を付け加えて，A, B, C校が，どのような生徒集団かについて話し合ってください。どのような指導をしたらよいかも，話し合ってみましょう。

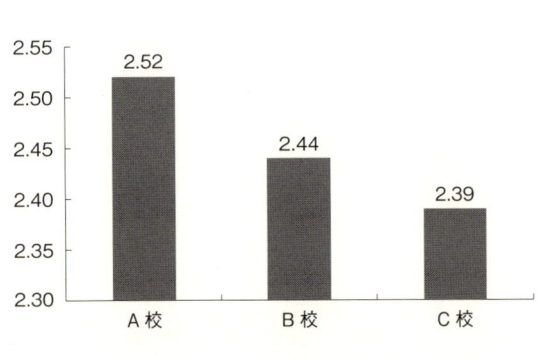

図3-4　ABC校の自尊感情
- A校: 2.52
- B校: 2.44
- C校: 2.39

①自尊感情

　ローゼンバーグ自尊尺度（桜井，2000）：自尊感情の測定に用いた，ローゼンバーグ自尊尺度は，世界的に使用されており，5分以内で実施できます。日本語版は複数の研究者によって開発されていますが，最近の研究で実証された桜井の訳を用いました。自尊感情（自尊心, self-esteem）は，自己に対する評価感情で，自分自身を基本的に価値あるものとする感覚です。

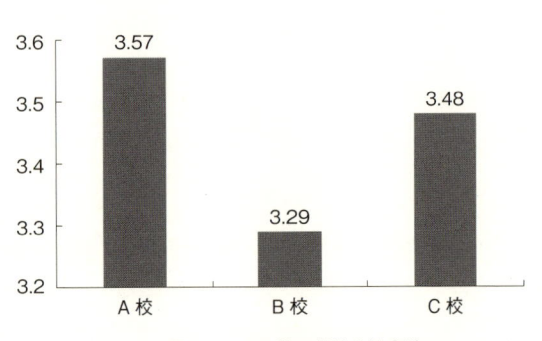

図3-5　ABC校の学校生活意欲
- A校: 3.57
- B校: 3.29
- C校: 3.48

②学校生活意欲

　学校生活意欲尺度（河村，1999）：学校生活意欲尺度は，児童生徒の学校生活（学級生活）における意欲や充実感を測定するものです。測定する領域は，「友人との関係」，「学習意欲」，「学級との関係」，「教師との関係」，「進路意識」です。

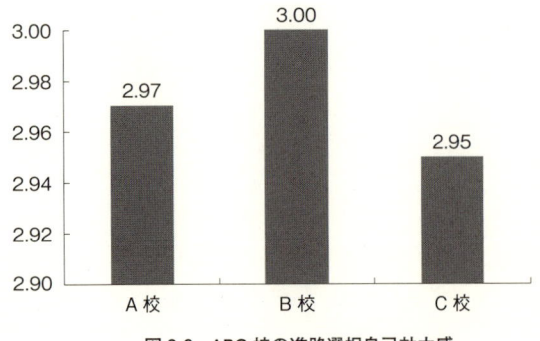

図3-6　ABC校の進路選択自己効力感
- A校: 2.97
- B校: 3.00
- C校: 2.95

③進路選択自己効力感

　進路選択自己効力感尺度（大濱・古川，1999）：主体的な進路行動と自己効力は近い概念であると考え，また，高校生の進学希望者・就職希望者両者を対象としているため，進路選択自己効力感尺度を用いました。

03 発達段階と児童生徒 アセスメント

	学習面	心理・社会面	進路面
A校			
B校			
C校			

> **演習から読み取れること**
>
> 　A校の描画は，情報量が多く，人間関係も豊かであたたかい感じがします。つまり，学習面でも優れており，心理・社会面でも適応能力が高い集団だと予想されます。質問紙からも，自尊感情も学校生活意欲も高いという，同様の結果が出ています。
> 　B校の描画は，情報量は多いのですが，人間関係においてはそれぞれが別の方向を見ており，集団より個を大切にしていると予想されます。質問紙からも，学校生活意欲が低く，他者理解を深める指導が必要だと思われます。進路選択自己効力感が高いことから，キャリア教育に関連して，他者理解を促し社会面の適応を進めると効果があがりやすいと予想されます。
> 　C校の描画は，情報量が少なく，他者とのかかわりが少ない人間関係で，学習面，心理・社会面でも自信がないことが予想されます。それは，質問紙の自尊感情の低さにも表れていると思われます。しかし，学校生活意欲が高く，児童生徒の実態に即した指導を行えば効果があがると思われます。

03-02　児童生徒アセスメントを行うために

(1) 児童生徒アセスメントの統合と継続

　効果的な援助のためには，さまざまなデータを用いた児童生徒アセスメントが必要です。また，アセスメント方法も，次節でふれるように，描画などの投影法や，質問紙，経験や勘を重視した観察法などさまざまあり，これらを効果的に組み合わせることが大切です。

　例えば，統計的なデータは，グループの傾向を把握するために役立ちますが，個別の実態をつかむことは難しいですし，一般的に，心理学の専門家は，個々の心理面のアセスメントに優れていますが，集団の動きは理解しにくいように思われます。

　石隈は，恩師であるカウフマンの「臨床的な情報」とテストによる「客観的情報」を統合することを賢いアセスメントと述べています（石隈, 1997）。筆者も，カウフマンの考えを参考に，多様なアセスメントを実施して，児童生徒全体をつかむよう心がけることを，「児童生徒アセスメントの統合」と呼んでいます。学級集団や部活動を常に観察している教師は，学級集団や部活動集団のアセスメントに優れているかもしれません。教師が心理士などとチームを組むことによって，「児童生徒アセスメントの統合」が行われるのです。

　さらに，石隈は，児童生徒の学習面，心理・社会面，進路面，健康面の状態や得意としているところの継続的なアセスメントを薦めています。「社会面」とは，友人，学級，学校への（外的・社会的）適応の促進です。そして，アセスメントに基づき，仮説を立てながら援助方針を修正していくべきだと述べています（石隈, 1999）。

　教師は，先行研究や理論を調べたり，経験を活かし，いろいろな援助実践を行うことができます。座席を工夫したり，進路目標をもたせたりするといった教師しかできない実践を活

かして,「児童生徒アセスメントの統合」を行いながら教育の実践ができるのです。また,教師は児童生徒の変化を丁寧にみて,児童生徒アセスメントの修正をしていくことができます。継続的に児童生徒アセスメントを行い,工夫しながら実践していくとよいでしょう。

(2) 児童生徒アセスメントのための信頼関係

　大人のクライエントでさえ,心理面接の最後になってようやく,カウンセラーに困難さの原因を言語化して伝えられるといったことは,珍しくありません。児童生徒にとって,困難や生きづらさの原因を言葉にすることは,たいへん難しい作業になることでしょう。援助者と児童生徒との間に信頼関係がなければ,児童生徒の発達段階や問題点の把握は困難です。

　臨床心理学では,心理検査というアセスメントの研究が進んでいますが,心理検査をする前に,必ず被験者に検査の目的と結果のフィードバックをすることを伝えなければなりません。フィードバックでは,適切な範囲で,前向きになれるよう説明を行います。そして,被験者の意見を聞き,妥当性を確認します。場合によっては,検査を実施しなくてよいことも伝えます。このような手順を積み重ね,被験者との信頼関係がうまれるのです。子どもの心理検査には,保護者の了解を必要とするものもありますので細心の注意が必要です。

　教師がどの範囲でアセスメント実施の承諾を得ればよいかは,学校の風土やルールに影響されます。まだ定説がありませんから,今後の動向を見極めることが必要です。したがって,学校で心理検査を行う場合は,実施する前に慎重に検討しなければなりません。

03-03　さまざまなアセスメントの方法

　ここでは,教師が行いやすいアセスメントの方法を中心に説明します。どの方法を組み合わせて用いるにせよ,子どもたちの将来への思いや願いを教師が受け止め,学習や進路指導,学校生活に役立てていくことが何よりも大切です。

(1) 観察法

　観察法とは日常の学校生活を観察する方法です。とくに集団の観察法は,一般的に教師に適した方法です。観察法の利点は,手軽に幅広い領域のアセスメントができるところです。教師として児童生徒に接していると,日常の学校生活で印象的なことは,自然と記憶に残ります。例えば,いつも一人でいる児童生徒や,優秀な児童生徒,すぐに感情的になる児童生徒などは,心に残っているものです。しかし,記憶だけではなく,記録に残すことが重要です。気がつくと,まったく記憶にあがってこない児童生徒がいる場合もあります。したがって,時間と対象児童生徒を決めて観察する方法も一つでしょう。各教科のテストだけでは理解できない学習面の力や,周囲とのかかわり方など,心理・社会面の行動を観察できます。

観察したことを記録に残せば，客観的に児童生徒をアセスメントできます。また，援助者としての教師自身の理解も深まり，自分の感情や考え方の傾向や特徴を理解できます。

(2) 面接法

面接法とは，児童生徒に直接会って話を聞いて，アセスメントする方法です。通常，学校には，面接週間があります。また，休憩時間に廊下での立ち話でも面接は実施できます。面接法を通して，観察法のアセスメントを，さらに充実させることができます。児童生徒の面接は，アセスメントだけでなく，援助のための方法としても有効です。児童生徒のなかには「先生と話して，支えてもらった」という人もいます。児童生徒を援助するための正確な情報を得るためには，日頃の信頼関係が大切です。また，職員室のような大勢の教師のなかでの面接を苦にする児童生徒もいますから，面接の目的を定め，場所や座り方などにも配慮しましょう。

児童生徒だけでなく，保護者や教師および教師以外の専門家を対象とする面接法もあります。直接情報を得ることができる貴重な時間です。困難をかかえた児童生徒・保護者の変化には時間がかかります。また，特別な配慮も必要です。8章以降を参考にしてください。

(3) 家庭訪問

家庭訪問も児童生徒アセスメントの重要な手がかりとなります。直接，保護者とお話できなくても，周辺の雰囲気や住環境などを知ることができ，アセスメントの手がかりになります。

(4) 課題として与えられた文章から読み取る方法

学校では，作文や感想文の課題があり，児童生徒がさまざまな文章を書きます。また「保護者からの手紙」など，保護者に書いていただく場合もあります。それらの文章を通して，家庭のことや，児童生徒・保護者の学校に対する期待や思いが理解できます。友人のことも理解でき，心理・社会面のアセスメントにつながります。

観察法から得られたアセスメントが，文章から読み取れる児童生徒の内面とつながり，アセスメントが深まります。文章からの内容を共感したり明確化したりすることで，信頼関係がうまれます。

(5) 描画による方法

学校では，作文と同様に，描画の課題もあります。また，児童生徒は，ノートや教科書に落書きをすることがあります。自分の感情や思いを言語で表すことには限界があるので，描画も児童生徒のアセスメントに役立ちます。臨床心理学の世界では，投影法の一つとして描画法があります。しかし，同じ人が同じ絵を描くことは，ほとんどありませんので，投影法はアセスメントの信頼性が低いという説もあります（馬場，2006）。

(6) 質問紙

近年では，妥当性・信頼性の高い心理測定尺度がたくさん開発されており，『心理測定尺度集』（堀, 2014）を見ると 400 以上あります。尺度の「妥当性」とは，調べたい内容を，的確な質問によってみることができるということです。また「信頼性」とは，同じ検査を何回やっても，同じ結果が出る傾向にあるということです。

尺度は質問紙形式となっているため，教師にも扱いやすいものです。『心理測定尺度集』などのなかから，児童生徒に役立つものの一部を紹介します。学校に対する態度として，「学校生活満足度尺度」（高校生用）（河村, 1999）などがあります。また，学習について「学習目標志向尺度」（谷島・新井, 1994），教師との信頼関係について，「生徒の教師に対する信頼感尺度」（中井・庄司, 2008），「学校生活の質チェックリスト」（表・繪内・宮前, 2008）などがあります。そのほか，自己・自我，動機づけ・欲求，進路選択などの分野があります。

またエリック・バーンは，P：親，A：大人，C：子どもという人格モデルを考え，1950 年代に交流分析理論を発展させました（Berne, 1994）。この流れのなかからうまれた「エゴグラム」は，CP：厳しい親，P：優しい親，A：大人らしい親，FC：自由な子ども，AC：従順な子どもと五つの自我に分けて人格を分析する方法です。簡単でわかりやすいため，よく学校で用いられています。

表 3-1 乳幼児から青年期まで使用される心理検査（杉本・五十嵐, 2013）

分類	主な検査
知能検査	〈個別式〉 ビネー式＊（田中ビネー知能検査（V）改訂版 鈴木・ビネー式知能検査） ウェクスラー式＊（WAIS-Ⅲ成人知能検査 WISC-Ⅲ知能検査 WPPSI 知能診断検査） K-ABC＊ 心理教育アセスメントバッテリー 〈集団式〉 言語式・A 式（田中 A-2 式知能検査） 非言語式・B 式（新田中 B 式知能検査） など
性格検査	〈質問紙法〉 MMPI 新日本版 矢田部ギルフォード性格検査（Y-G 性格検査） 日本版 STAI 東大式エゴグラム（新版 TEG Ⅱ）CMI 健康調査票 〈投影法〉 ロールシャッハ・テスト 絵画統覚検査（TAT CAT 3AT） 文章完成テスト（SCT）P-F スタディ バウム・テスト HTP テスト など
作業検査	内田クリペリン精神検査
発達検査	遠城寺式乳幼児分析的発達診断検査 新版 K 式発達検査法 乳幼児精神発達診断法 など
適性検査	SG 式進学適性検査 進路適性検査 職業適性検査 など

＊は発達障がいの診断によく利用されているもの。

(7) 教育に関する臨床心理士が得意な心理検査の一部

　学校教育法が一部改正され特別支援教育の推進が法律上で明確に規定され，知的発達の水準や，発達障がいなどの個別的な知能への理解が求められています。スクール・カウンセラーは，それらの検査であるウェクスラー検査や，ビネー検査，K-ABC 検査を行う専門性を身につけています。

　また，投影法は臨床心理士の専門です。バームテストや家族画，学校画などから，児童生徒アセスメントを行うことができます。

　前頁の表 3-1 に挙げられているのは，乳幼児から青年期まで使用されている心理検査です（杉本・五十嵐，2013）。＊は，発達障がいの診断によく利用されているものです。

03-04　復　習

　近年，教師が教師以外の専門家とチームを組むことが求められています。児童生徒アセスメントにスクール・カウンセラーも参加すれば，より正確なアセスメントができ，援助の方針を立てやすくなります。スクール・カウンセラーだけでなく，スクール・ソーシャルワーカーなど教師以外の専門家も参加し，児童生徒のアセスメントを向上させましょう。困難をかかえた児童生徒に対する治療的生徒指導ばかりでなく，予防的・開発的生徒指導の方針を立てることができます。

> ❖復習問題
> ①多様なアセスメントを行うことを何といいますか。また，アセスメントを継続して行う理由を説明してください。
> ②なぜ児童生徒アセスメントが重要か，他の人に説明してください。

【引用・参考文献】
石川美智子（2013）．学校における生徒実態の把握と実践—適切な支援のための評価（アセスメント）　平成 25 年度愛知県高等学校学校保健研究会紀要
石隈利紀（1997）．心理教育的アセスメント　國分康孝監修　東京書籍
石隈利紀（1999）．学校心理学　誠信書房
岩田昌太郎・嘉数健悟（2008）．教育実習における評価基準の項目に関する研究　広島大学大学院教育学研究科紀要 57, 293-300.
大濱祐司・古川雅文（1999）．高校生の進路選択に対する自己効力感を高める　日本教育心理学会第 41 会総会発表論文集 414
尾木和英（2006）．生徒指導・生活指導の意義と内容　小島　宏［編］教職スタート　初任者必修 59

の基本課題　教育開発研究所
表　美貴・繪内利啓・宮前義和（2008）．学校生活の質チェックリストの妥当性と信頼性に関する検討　香川大学教育実践総合研究 16
樺澤徹二（2013）．学級経営と学校教育相談　日本学校教育相談学会
河村茂雄（1999）．生徒の援助ニーズを把握するための尺度の活用（高校生用）　岩手大学教育学部研究年報 59(2)
桜井茂男（2000）．ローゼンバーグ自尊感情尺度日本語版の検討　筑波大学発達臨床心理学研究 12, 65-71.
杉本希映・五十嵐哲也（2013）．事例から学ぶ児童生徒への児童と援助　ナカニシヤ出版
中井大介・庄司一子（2008）．中学生の教師に対する信頼感と学校適応感との関連　発達心理学研究 19(1), 57-68.
馬場礼子（2006）．投映法――どう理解しどう使うか　心理検査実践ハンドブック　創元社
廣嶋憲一郎（2006）．学級経営の意義と役割　小島　宏［編］教職スタート　初任者必修59の基本課題　教育開発研究所
堀　洋道（2014）．心理測定尺度集Ⅰ～Ⅵ　サイエンス社
谷島弘仁・新井邦二郎（1994）．学習の目標志向の発達的検討および学業達成との関連　筑波大学心理学研究 16, 163-173.

Berne, E. (1964). *Games People Play*. New York: Grove Press.

コラム：校内でのチーム援助の基本

　チーム援助を行うためには，管理職の権限が重要になります。学校内では，管理職を中心にいろいろな校務上の委員会が開かれています。いじめ防止対策推進法を受けて，いじめ対策委員会も設置されています。生徒指導関係の中心的な委員会は，このいじめ対策委員会，生徒指導委員会，教育相談委員会です。定期に開かれる学校と不定期に開かれる学校がありますが，非行や不登校，いじめ事例などはここで報告されます。どちらかといえば，治療的生徒指導の情報の共有という役割になります。

04 発達と学習

❖本時のねらい
1 発達と学習に関する理論を知る。
2 発達と学習に関する理論から，教育に活かすことができる知見を考える。

❀導入問題
● 下記の事例から，A男と養育者の関係を考えましょう。

【事　例】
家族構成：父（30代）土木業，母とは生別，A男（小学校2年生），祖母（60代）無職

A男が提出する保護者の書類は，年配者の字で書かれている。担任が家庭環境調査表を見ると，1年生の3月末に，隣町から祖母の家に引っ越した児童であった。

授業中は，教室を勝手に歩き回ったり，好きな本を読んでいる。ほとんどのノートは，落書きで埋まっている。学習は個別支援が必要である。人の言動が気になり，言葉で説明できず些細なことでも瞬間的に手が出る。授業参観は，いつも祖母のみである。4月A男は，重い病気をもっているクラスメートと，ボールを取り合いけんかになる。A男は，みんなが病気のあるクラスメートの味方になったと思い，「む・む・む」と言いながら机をみんなに投げつけた。担任は，言葉で表現できないA男のことを，帰りの会で説明し，保護者宛の連絡帳に書く。すると，その日に，祖母とA男が学校にきて，祖母が担任と教頭に丁寧に謝る。A男は，祖母の隣でひたすら泣いている。9月祖母から担任へ手紙が来る。内容は「夏休みは，できるだけA男の感情を受け止め，言葉で表現するように努めました。よろしくお願いします」というものであった。12月放課後，担任がA男に個別の学習指導をしていると，A男は，「お母ちゃんは，お父ちゃんがいないと，パチンコをやっていた」「ぼく，いつも一人で家にいた。よくおばあちゃんが家に来た」と話す。結局，家庭訪問・授業参観・保護者会は，祖母のみで，担任は父親に一度も会えなかった。2年生の終わりの国語の時間，A男は，祖母への感謝の短い作文をみんなの前で読み，クラスメートから拍手を受ける。

04-01　児童生徒の心理・社会面に関する理論

　発達課題とは，人生の段階におけるテーマです。これまでに精神科医や心理学者がそれぞれの問題意識から発達課題を提言してきましたが，その内容は必ずしも一様ではありません。一般に発達課題は胎児から高齢者まで対象範囲としていますが，本章では，小学生から高校

生の，心理・社会面，学習面の発達にかかわる重要な理論について紹介することにします。

よりよい応用のためには精神分析や発達心理学の研究からの知見のみならず，教育の実践研究も大切になります。本章を参考に，教師になったら実証研究をしてみましょう。

(1) 変化と危機

どんな人間も発達課題を乗りこえるときには，葛藤が生じ，心理・社会的危機が訪れます。つまり，危機は，新しい段階に入るための成長の機会でもあります。成長には葛藤が伴うものです。そのため山を登るときのように下りながら進むことさえあります。

また，多様な人生があるように，多様な家族が存在します。導入問題の事例で紹介した幼いA男は両親との関係において，危機かもしれません。しかし，A男は，祖母と助け合うことで「信頼」という人生の発達課題を獲得しているのです。

(2) 愛着理論

人生の最初の出会いは，養育者です。愛着とは，乳児が養育者にむける強い結びつきです。生後1ヶ月で，すでに，特定の養育者と乳児の間では，相互作用がうまれます。

ボウルビィは，子どもの愛着の研究をしました。そして，親密で持続的な温かい関係が続き，両者が満足することにより，愛着がうまれるとしました（Bowlby, 1969）。

エインスワースは，ボウルビィの愛着の研究をさらに発展させて，愛着には安全基地効果があり，不安を減少させることを明らかにしました（Ainsworth, 1982）。この安全基地効果によって，乳幼児は，愛着のある人から離れても探索行動を行うことができ，社会をひろげていくことができます。その際に，手にしているぬいぐるみや，ハンカチ，そして，指しゃぶりのような移行対象（Winnicott, 1962）が乳幼児の安全基地として機能しているのです。

①分離不安と分離-個体化

ボウルビィは，養育者が子どもの側にいて子どもが恐怖を体験しないとき，子どもは安心感を覚えると述べました。逆に，（病気で隔離されているなど）養育者が物理的にいなければ子どもは強い不安を覚えると述べました（Bowlby, 1969）。小学校の入学時に，母親と離れることができず不登校になる児童もいます。学年が進行しても，子どもにとって何らかの負荷がかかれば，それまでの母子の関係の課題が表れ，分離不安を示す場合もあります。さらにマーラーは，個体化のためには，2-6ヶ月の乳児と養育者の共生時期が重要であるとし，愛着のあるものからの分離-個体化過程を明らかにしました（Mahler et al., 1975）。この考え方を発展させて，ブロスは，青年期を第二の分離-個体化としました（Blos, 1962）。

現在の日本の愛着研究では，葛藤を心理的に解決していない未解決型の母親の子どもは，他のタイプの母親の子どもより安定が低いということが明らかになっています（数井ら，2000）。このように，母親と子どもの情緒は深く関係しています。児童生徒の母親のなかに

は，葛藤をもった人もいます。児童生徒のために，母親に対して配慮することも教師にとって，重要な課題の一つです。

②愛着喪失と強化

人は配偶者や親の死・両親の離婚によって，ときにうつ状態に陥ることがあります。これが，「愛着の喪失」です。愛着の喪失によるリスクは，幼児ばかりでなく成人にもあります。なかには，悲しみが表現できないほど落ち込むこともあります。愛着の喪失は外傷体験にもなるのです。このような愛着は，人間関係の原点ともいえるものです。

また，筆者は教師としての経験のなかで，子どもが，虐待を行う親に愛着を強く示す場合も目にしてきました。虐待を行う親は，憎悪が激しいため，子どもは親からの拒絶を恐怖して，逆に愛着が増しているように見受けられました。閉ざされた空間ではとくに愛着が増すことがあります。

また教育の世界では，「援助したほど指導が入る」という言葉があります。教師が児童生徒に対して，支援したり深くかかわるほどに，児童生徒が，教師に対して特別な結びつきをもつようになり，教科や生活の指導がうまくいくという意味です。愛着理論と教育は，深い関係があるかもしれません。教師の児童生徒への適切な援助を通して，よい関係をつくり，指導を行っていきたいものです。

(3) エリクソンの心理・社会的発達論を中心に

E・H・エリクソンは人生を8段階に分け，生涯にわたる発達段階を示すという重要な仕事をしました（Erikson, 1982）。そして，発達段階を情動的危機をもった際に，発達課題に失敗した場合と，成功した場合に分けました。人生の危機と成長は，裏表の関係なのです。徳とは，人間の強さだと解釈できます。また，エリクソンは，フロイトの研究を引き継ぎ，人間の発達は生物学だけでなく，文化，社会との相互作用に影響されると述べました。

ここでは，エリクソンの発達段階とそれにかかわる重要な場所と人を示しながら，中高大学生までの，エリクソンの5段階までと関連する理論を説明します。図4-1でエリクソンの発達段階とそれにかかわる重要な場所と人を示しました。

児童生徒にとって家庭は大切な場所ですが，教師や学校の与える影響や，役割の大きさも

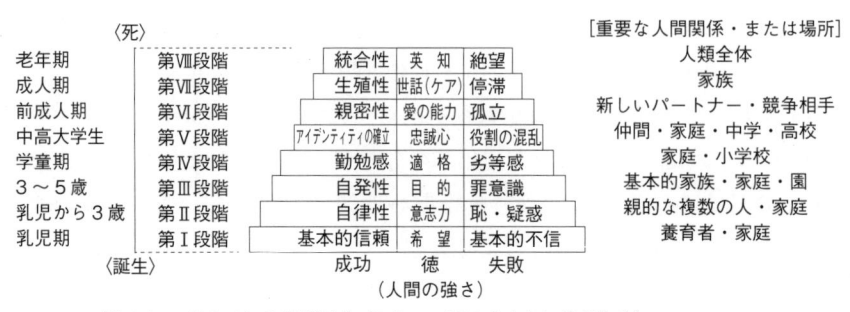

	〈死〉				[重要な人間関係・または場所]
老年期	第Ⅷ段階	統合性	英知	絶望	人類全体
成人期	第Ⅶ段階	生殖性	世話(ケア)	停滞	家族
前成人期	第Ⅵ段階	親密性	愛の能力	孤立	新しいパートナー・競争相手
中高大学生	第Ⅴ段階	アイデンティティの確立	忠誠心	役割の混乱	仲間・家庭・中学・高校
学童期	第Ⅳ段階	勤勉感	適格	劣等感	家庭・小学校
3〜5歳	第Ⅲ段階	自発性	目的	罪意識	基本的家族・家庭・園
乳児から3歳	第Ⅱ段階	自律性	意志力	恥・疑惑	親的な複数の人・家庭
乳児期	第Ⅰ段階	基本的信頼	希望	基本的不信	養育者・家庭
	〈誕生〉	成功	徳	失敗	
			(人間の強さ)		

図4-1 エリクソンの発達図式（Erikson, 1982 をもとに筆者作成）

見過ごせません。コミュニケーションや問題解決，困難に陥ったときの態度などにおいて，教師やまわりの大人は，児童生徒にとってよいモデルとして身近に存在したいものです。

①乳児（基本的信頼と基本的不信：徳としての希望）

エリクソンのいう最初の発達課題は，基本的信頼と基本的不信です。これは乳児と最初の重要な養育者（多くの場合母親）との間の経験で築かれます。そして，信頼は「絶対的な食べ物の量や愛情表現によって生ずるのでなく，母子関係の質」によって築かれます。未熟なまま生まれてくる人間の乳児は，何もできません。お腹がすいても，おむつが汚れても泣くだけで，養育者が世話をしてくれて，はじめて乳児は心地よくなるのです。ときに養育者が気づかず，世話がうまくいかない場合には，乳児は基本的不信に陥ります。それでも，総合的には，基本的信頼が勝れば，「希望」という人生でもっとも重要な徳を得るのです。

②乳児〜3歳（自律性対恥と疑惑：徳としての意志）

この時期の幼児は，未熟な乳児と比較して，運動機能，歩行，言語，トイレ・トレーニングなど基本的なことができるようになります。幼児は，養育者に全面的に頼らなくてもよくなり，自律性が芽生えはじめる時期です。しかし，もしこの時期の幼児が何かを自分でやろうとしているときに，親の調整や要求が強かった場合，子どもは自律性を失う恐れがあります。また，失敗するのではないかといった，必要以上の恥や疑惑の気持ちをもってしまいます。その結果，意志を抑制することが起こってしまうかもしれません。

幼児は，すでにいろいろな大人の感情を読み取り自己に取り入れています。子どもが，何かできたときに，「ほめる」と，そのような「励まし」によって自尊心が育ちます。そういった経過の積み重ねによって，「意志」という徳を得ることができるのです。

③3歳〜5歳（自発性対罪意識：徳としての目的）

3歳〜5歳の時期には，運動機能・言葉の発達とともに，ますます行動範囲が広がります。したがって，自発性がうまれ競争心もでます。そして，勝つために，うまくやるためにはどうしたらよいかについて工夫することができるようになります。この時期は，「目的」という徳を得ることができます。しかし，その自発性が失敗すれば，罪の意識が生じます。やはり大切なのは，大人たちが見守ることによる適度なコントロールや，見本となるモデルです。

④学童（勤勉対劣等感：徳としての適格）

この時期の子どもたちは，規則や規律の正しさへの興味を増し，自己規制の能力が増加します。一生懸命勤勉に努力して，社会に認められ，自己効力感が高まる時期です。また，家族以外の人間関係が優先されます。

とくに性別を意識するようになり，同性同輩の友人と影響を与え合います。同時に仲間と

の相互作用が発達に対して重要な役割を担います。また，学童期は，活発な学びや遊びにより重要な能力が発達する時期です。この時期に，教師やその他の大人が子どもを認めることが大切です。学童は教師や仲間に認められて，「適格」という意識の徳を身につけるのです。

⑤中高大学生（青年期）（アイデンティティの確立と役割の混乱：徳としての忠誠心）

中学生・高校生・大学生の年齢を青年期といいます。青年期は，第二次性徴に伴って心身ともに大きく変化するときです。また，高校時代から精神病理が発症するといわれています。抽象的概念が発達して未来志向になります。青年期は，自分は何者であり，どこにいくのかについて，考えるときです。アイデンティティとは，自分であることの独自性についての意識を指します。自分の柱となる意識といってもよいでしょう。今までは，まわりの人々をモデルに生きてきましたが，青年期は，もう一度自分らしさを確認し見つけ出す作業となります。そして，アイデンティティとは，自分だけが確認するのでなく，まわりもそれを認めるというプロセスでもあります。「○○のことだったらBさんに任せられるね」「Bさんは○○が得意」という認識をまわりがもつということでもあるのです。

しかし，アイデンティティの確立に失敗すると役割の混乱がおきます。無気力になったり，過剰な自意識をもったりします。場合によっては，社会に所属する場所がなく非行やカルト集団という非社会的集団に所属することもあります。

この時期には，徳として「忠誠心」が身につきます。忠誠心が身につくと，矛盾がある場合にも，自由な忠誠心のもとに，ある価値体系に従うようになるのです。

また，この時期は，親からの分離独立の機会として捉えられます。なかには，「分離不安」になる人もいます。その際，幼児期の反抗と異なり，青年期の子どもは母親の膝の上にのったり，駄々をこねることはありません。親や教師は，傍目からはわかりにくい青年期の子どもの自立と不安を理解し，タイミングよく支援を行わなければなりません。

また，ホーランドは，職業の満足や業績は，個人のパーソナリティと仕事環境との相互作用で決まることを示しました（Holland, 1973）。つまり，職業をもつことは，自己を形成していくことと関連していると考えたのです。若者のキャリア教育を検討することは，教師や大人の務めではないでしょうか。

⑥同性同輩の親密な関係

サリヴァンは，10歳ごろまでは「仲間グループ」，それ以降は「相棒」を重要な関係として捉えました（Sullivan, 1953）。同性同輩と1対1の親密な関係を築くことにより，親に言えなかったことを仲間に打ち明け，自立への手がかりとするのです。

⑦現在のエリクソンの青年期の発達論

最後に現在のエリクソンの青年期の発達論について説明します。牛島は，臨床事例から，同

性同輩の仲間グループや同性同輩の1対1の関係によって葛藤を自立に向かわせていたシステムが，現在では延長されて行われていると述べています。そして，前青年期および青年期の延長のため，現在の若者は40歳になってはじめて大人になると述べています（牛島，2009）。もっとも，これは臨床事例です。一般的な状況をあらわしているかどうか今後も検討の余地がありますが，教師は保護者と協力して，児童生徒を自立の方向に向かわせるための方策も検討すべきでしょう。また大人になりきれていない保護者への対応も重要な課題だといえます。

04-02 学習の支援に関する理論

『生徒指導提要』には，児童生徒自らの現在および将来における自己実現（☞資料4-1）を図っていくための自己指導能力の育成を目指すと述べられています（文部科学省，2011）。自己実現は，教師にとって児童生徒への教育目標の一つです。

(1) 自己実現理論（マズロー）

かつてフロイトは精神分析を通して，人間には現実の要請に応じて欲求を抑制したり延長したりする傾向（現実原則）と，その反対に不快を避け，快を得ようとする傾向（快楽原則）があることを指摘しました（Freud, 1920）。エリクソンは，フロイトの影響を受け，多くの精神病理を，悪化した発達危機として，発達課題の失敗と関連づけ，発達を精神病理と結びつけました。しかし，アドラーの影響を受けたマズローは，「健康人」や「自己実現した人」の研究に着目しました（藤永，2001）。それまでの心理学は，病理をもつ人々や動物の行動を対象とした研究から発展しました。それを批判することで，マズローの自己実現理論はうまれたのです。マズローは，人の全体を理解する必要性を重視し，だれにでもある欲求の階層段階について述べました。つまり飢餓や口渇のような生理的欲求が満たされると，安全，愛情や自尊心のような，より高次な心理的欲求への動機となると考えたのです。その中でも，自己実現をもっとも高次の欲求であるとしました（図4-2）。自己実現の欲求とは自分らしい生き方の欲求です。

マズローの自己実現理論は，生徒指導の中心となる考え方の一つだといえます。各欲求の階層における教師の働きかけは，児童生徒を自己実現に向かわせることができます。

教師は，児童生徒の生理的欲求が充足しているかを観察します。すると，困難をかかえた児童生徒に対して，指導の言葉の前に「食

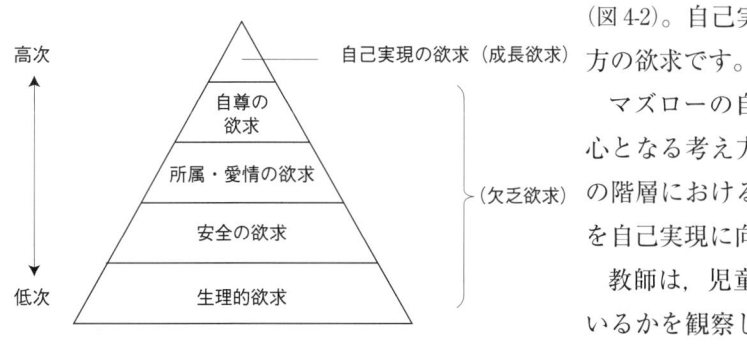

図4-2 マズローの欲求の五段階説（Maslow, 1954）

資料 4-1　自己実現のための自尊感情と自己肯定感の整理

　生徒指導の目標は，児童生徒の自己実現にあります。自己実現のためには，自分自身を大切にする感情，自尊感情や自己肯定感が重要になります。先行研究では，自尊感情・自己肯定感を，自分を対象とした「価値づけ」「評価」「肯定」などの言葉を用いて定義します。教師にとっては，児童生徒の育成の一つの指標です。田島・奥住（2014）は，健常者を対象にした自尊感情，自己肯定感に関する20本の先行研究を調べて，まとめていますのでここで紹介します。

　全体の傾向として，小中高校生は家族・教師・友人など人とのかかわりが，自尊感情・自己肯定感の影響要因となっていました（久芳・竹内，2004；久芳ら，2006；中山ら，2011）。しかし，高校生になるとその影響は小さくなります。

教　師
　教師からの評価や声かけが自尊感情に影響を与えていました。教師の役割の重要性が理解できます。

友人関係
　中学生男子は，友人に対する気づかいが，自己肯定感に影響を与えていました。しかし，中学生女子の場合，友人に対する気づかいが自己肯定感に負の影響を与えていました。このことから中学生女子グループの人間関係の難しさが伺えます。

家族関係
　高校生になると，家族などの人とのかかわりと自己肯定感の影響が少なくなります（久芳ら，2005）。青年期の自立における家族の役割の難しさが推測されます。

性受容
　同性の保護者に対する評価，社会的な性意識を「性受容」としました。小学生は，性受容が，自己肯定感を高くする傾向が出ました（久芳ら，2006）。とくに，小学生女子は，社会的な性意識および母親へのポジティブな評価が，自己肯定感を高めていました。

身体的劣等感
　中学生男子は「身体的劣等感」が，自己肯定感に負の影響を与えていました。男らしさと関係しているのかもしれません（久芳ら，2011）。

学　業
　学業については，人とのかかわりにおける自己評価を高めるという指摘がありました。しかし，小学生女子は，学年が上がることで自尊感情が低下し，学習意欲も低下します（清水・橘川，2009）。

進路選択
　進路選択に向き合うことで，自己を確立し，進路意識が自己主張に影響を与えていました（久芳ら，2007）。

学級経営と自尊感情
　小学生を対象とした3つの研究では，①支持的な学級経営と遊びの活性化を通したコミュニケーション能力の育成と，人間関係の育成が小学生の自尊感情を高めるとの指摘や，②自尊感情や自己肯定感を高めることを意識した指導のPDCA（計画・実行・評価・改善）サイクルが有効，③教師の学級経営チェックリストと保護者との連携によって，自尊感情に着目した学級経営は，子どもの自尊感情を高めるという結果でありました（吉田，2004；東京都教職員研修センター，2011；西田，2012）。

いじめを止めない加害者の高い自尊感情
　中学生の研究では，いじめ加害者で現在も継続しているものは，自尊感情が高く，友人とのかかわりもよいことがわかっています（本間，2003）。しかし，学校への規範意識は低い傾向にありました。いじめ加害者の指導の難しさがここにあると思います。

べているか」「寝ることができているか」などといった案ずる言葉かけがうまれます。こうした言葉をかけられれば児童生徒は，きっとほっとするでしょう。

　不安の強い児童生徒には，安全欲求への配慮が必要です。さらに，集団とうまく付き合うことができず悩んでいる児童生徒がいれば，それとなく声をかけ，所属の欲求への配慮をしてみましょう。そのうえで，自尊心の欲求を満たす働きかけをしてみてください。「頑張ったことをほめる」「努力したことをねぎらう」タイプの言葉がけです。

　学習や集団生活のルールを明確にしながらも，マズローのいう，所属や愛情の欲求，自尊の欲求を認めることは，教育者の大きなテーマの一つです。生徒指導を考えるとき，常に欲求の階層の段階に着目することにより，児童生徒に適切な援助と指導がうまれます。そして，それらはいずれ，児童生徒自身の自己実現の動機づけになると考えることができます。

(2) 具体的思考から抽象的思考（ピアジェ）

ピアジェは，子どもが考えや知識を獲得する過程について，広範な理論体系をつくりました（波多野，1986）。例えば，小学校3，4年生になると，分数や小数など，学習内容が具体的な内容から抽象的内容になって，つまずく児童が出てきますが，ピアジェは，これを「9歳の壁」と呼んでいます。

また，ピアジェは，知的発達を「同化」と「調節」の相互作用によるものとしました。「同化」とは，外部から知識を取り入れることです。しかしそれだけでは，知識は活かすことができません。「調節」とは，自分のなかに取り入れる，自分の経験などに照らし合わせ新しい概念として取り入れることです。児童生徒への「同化から調節へと向かうようサポートする学習支援」に教師が果たすべき役割はたいへん重要です。

(3) 社会文化的発達理論，発達の最近接領域（ヴィゴツキー）

神谷は，ピアジェが人間の思考の発達を生物的概念を用いて説明し，すべての子どもに共通する発達段階を提唱したのに対して，ヴィゴツキーは，人間の精神発達の起源は，社会や文化的営みのなかにあると考えたと述べています（神谷，2004）。これが，ヴィゴツキーの社会文化的発達理論です。

ピアジェとヴィゴツキーの説を比較すれば，ピアジェは，年齢を軸に発達理論を体系化したのに対し，ヴィゴツキーは，年齢ではなく社会文化的営みを軸にして思考の発達を捉えたといえるでしょう。ヴィゴツキーは，子どもは，伝達の道具である言葉（外言）から，思考としての言葉（内言）を扱えるように発達し，精神の内部に抽象的・論理的な思考力を形成すると考えたのです。

さらに，ヴィゴツキーは，すでに達成された発達水準と，教師や子ども同士の援助のもとに達成可能な水準との間に横たわる「発達の最近接領域」と呼ばれる領域に注目し，教師や仲間と適切なコミュニケーションをとり，必要に応じて助言や援助などの支援を受けることがもつ意義について指摘しました。

まわりの大人による言葉がけの援助が，学童期の子どもの具体的思考から抽象的思考への移行へと働きかけるのです。この時期に，目に見えるものから，目に見えないものへと思考が発達し，問題解決力が高まっていきます。つまり，子どもの発達は，教育によって触発されて成長するものであり，教師はそこに目を向ける必要があるのです。

(4) 社会的学習理論（バンデューラ）

1963年にバンデューラらは，次のような実験をしました（Bandura & McDonald, 1963）。大学生のモデルが等身大の人形と遊ぶ映像を，幼児が見ます。その映像は3種類あり，モデルが人形に暴力をふるうと賞賛されるもの，逆に制止されるもの，何も言われないものです。そ

の後，幼児に同じ人形が与えられました。多くの幼児は，賞賛を浴びたもの，何も言われないものの模倣行動を行いました。子どもが直接経験しなくても，親や教師や仲間をモデルに行動を観察するだけでも学習が成立する場合があることを証明しました。これを観察学習またはモデリングといいます。

　教室でも，だれかがほめられると，見ていた児童生徒が同じような行動を示します。これを代理強化といいます。このような学習が成立するためには，子どもとモデルの人間的なつながりが必要です。相手のようになりたいという気持ちが，学習を進めるのです。バンデューラは従来の学習理論が，学習する個体（人間や動物）自身の経験を前提としていたのに対し，学習が，他の人を観察することによっても成り立つことを実証し，あらたに理論づけました。

　さらに，ある行為をする際に人々がもつ，自分の能力に対する確信を「自己効力感」と呼び，自己を調整する自己効力感のモデルをまとめました（Banudura, 1985）。

(5) 認知発達学習理論（ブルーナー）

　ブルーナーは，ピアジェの「思考の発達の生物的概念」とヴィゴツキーの「発達の最近接領域」を共有する学習理論を考えました。そして，教師は，直観にしたがって子どもたちに調和のとれた教育を実践すべきであると主張しました（Bruner, 1965）。

　また，ブルーナーは，発見学習を提唱しています。知識の生成されるときに学習者が参加することにより，内的動機づけが高まり学習が進むことを指摘したのです（Bruner, 1965）。

04-03　復　習

❖復習問題

●発達理論を用いて，Bの学習面，心理・社会面，進路面のアセスメントをしてください。

【事　例】
対象生徒：高校1年生（B）
　室長を務めている。乳幼児期の発達は，普通である。ただし，両親は，Bをかわいがるが，世話をしない（風呂にいれない，着替えさせないなど）という理由で，小学校中学年より，児童養護施設で育っている。両親は，時々Bに「家に帰れ，学校なんか行かなくてもいい，勉強なんかしなくてもいい」と言ってくる。Bは困りつつも学校に行くことは大切なことだと考えている。学校には，親友もいる。Bは親友に家庭の事情をそっと話し，親友はその秘密を守っている。Bは，児童養護施設では，幼い後輩の朝食の支度や弁当づくりも行う。児童養護施設の方の勧めもあり，将来のために資格取得や大学進学のための勉強をしている。費用は，施設が出してくれている。学校からもどってくると夜は勉強，土・日曜日は，資格取得のための実習に行く。実習は，精神的にも肉体的にも大変であるが，自立に向けて手応えを感じている。Bは児童養護施設の方が応援してくれていることや，保育の検定に合格したとき，学校の先生が自分のことのように喜んでくれたことも嬉しく思っている。

【引用・参考文献】

牛島定信（2009）．エリクソンの青年期論は今なお有用か　児童青年精神医学とその近接領域 50(3), 196-205.

神谷栄司（2004）．ヴィゴツキーの情動論と「人間の心理学」『ヴィゴツキー学』第5巻

数井みゆき・遠藤利彦・田中亜希子・坂上裕子・菅沼真樹（2000）．日本人母子における愛着の世代間伝達　教育心理学研究 48, 323-332.

清水美緒・橘川真彦（2009）．小学校高学年における学習意欲に影響を及ぼす要因　宇都宮大学教育学部 教育実践総合センター紀要 32, 117-124.

田島賢侍・奥住秀之（2013）．子どもの自尊感情・自己肯定感等についての定義及び尺度に関する文献検討―肢体不自由児を対象とした予備的調査も含めて　東京学芸大学紀要．総合教育科学系 64(2), 19-30.

田島賢侍・奥住秀之 (2014). 障害・疾病・不登校などのある児・者を対象にした自尊感情・自己肯定感の文献検討　東京学芸大学紀要．総合教育科学系 65(2), 283-302.

東京都教職員研修センター（2011）．子供の自尊感情や自己肯定感を高める指導資料【基礎編】

中山勘次郎・西山康春・柳澤　登・上越教育大学学校教育学系・上越市立南本町小学校・上越市立南本町小学校（2011）．児童用自尊感情尺度の検討　上越教育大学

西田依子（2012）．小学生の自尊感情を育む学級経営のあり方―自尊感情が低下する中学年を中心に　教師教育研究 8, 163-172.

波多野完治（1986）．ピアジェの入門　国土社

久芳美惠子・齊藤真沙美・小林正幸（2005）．中学生の自己肯定感と人とのかかわりとの関連について　東京女子体育大学紀要 40, 19-28.

久芳美惠子・齊藤真沙美・小林正幸（2006）．小学生の自己肯定感と人との関わりとの関連について　東京女子体育大学紀要 41, 13-24.

久芳美惠子・齊藤真沙美・小林正幸（2007）．小，中，高校生の自己肯定感に関する研究　東京女子体育大学紀要 42, 51-60.

久芳美惠子・齊藤真沙美・小林正幸（2011）．中学生の自己肯定感と性受容に関する研究―社会的性意識と父母像との関連　東京女子体育大学・東京女子体育短期大学紀要 46, 45-60.

久芳美惠子・竹村美砂（2004）．自己肯定感と人とのかかわり　東京女子体育大学紀要 39, 15-23.

藤永保識（2001）．心理学事典　平凡社

文部科学省（2011）．生徒指導提要

本間友巳（2003）．中学生におけるいじめの停止に関連する要因といじめ加害者への対応　教育心理学研究 51, 390-400.

吉田達也（2004）．自尊感情の変容に関する実践的研究　日本生活体験学習学会誌 4, 55-61.

Ainsworth, M. D. S. (1982). Attachment: Retrospect and prospect. In C. M. Parkes & J. Stevenson-Hinde (Eds.). *The place of attachment in human behavior*. New York: Basic Books, pp.3-30.

Banudura, A.／祐宗省三・原野広太郎・柏木惠子・春木　豊［編］（1985）．自己効力（セルフ・エフィカシー）の理論，社会的学習理論の新展開　金子書房，pp.35-45.

Bandura, A., & McDonald, F. J. (1963). The influence of social reinforcement and the behavior of models in shaping children's moral judgments. *Journal of Abnormal and Social Psychology*, 67, 274-281.

Blos, P. (1962). *On adolescence: A psychoanalytic interpretation*. New Free-Press.（ブロス, P.／野沢栄司［訳］（1971）．青年期の精神医学　誠信書房）

Bowlby, J. (1969). *Attachment: attachment and loss, VOl.1*, New York: Basic Booka.（ボウルビィ, J.／黒田実郎・大羽　蓁・岡田洋子［訳］（1991）．母子関係の理論（1）　岩崎学述出版）

Bruner, J .S. (1965). *The process of education*

Erikson, E. H. (1963). *Childhood and society*. (2nd ed.). New York : W.W. Norton（エリクソン, E. H.

／仁科弥生［訳］（1977, 1980）．幼児期と社会 1，2　みすず書房）
Erikson, E. H. (1982). *The life cycle completed.* NY: W. W. Norton.（エリクソン，E. H.／村瀬高雄・近藤邦夫［訳］（1996）．ライフサイクル，その完結　みすず書房）
Freud, S. (1920). *Introductory Lectures.*（フロイト，S.／懸田克躬［訳］（1973）．精神分析学入門　中央公論社）
Holland, J. L. (1973). *Making vocational choices : A theory of careers.* Englewood Cliffs, NJ: Prentice-Hall.（ホーランド，J. L.／渡辺三枝子・松本純平・道谷里英［共訳］（2013）．ホランドの職業選択理論：パーソナリティと働く環境　雇用問題研究会）
Maslow, A. H. (1954). *Motivational and personality.* Harper & Row.（マズロー，A. H.／小口忠彦［監訳］（1971）．人間性の心理学　産業能率短期大学出版部）
Mahler, M. S., Pine, F., & Bergman, A. (1975). *The psychological birth of the human infant.* New York: Basic Books.（マーラー，M. S.・パイン，F.・バーグマン，A.／高橋雅士・織田正義・浜　畑紀［訳］（1981）．乳幼児期の心理的誕生　黎明書房）
Sullivan, H. S. (1953). *The interpersonal theory of psychiatry.*（サリヴァン，H. S.／中井久夫ら［訳］（1990）．精神医学は対人関係論である　みずず書房）
Winnicott, D. W. (1962). *Ego integration in child development, the maturational processes and the facilitating environment.* London: Hogath Press.（ウィニコット，D. W.／牛島定信［訳］（1977）．情緒発達の精神分析理論　岩崎学術出版社）

導入問題：児童生徒の状況
：A男と父母の関係構築は難しいと思われる．しかし，現在のところは，養育者である祖母との愛着関係はあると思われる．

復習問題：児童生徒の状況
：Bは，対人関係において，教師や施設の方と安定した信頼関係をつくることができている．ネグレクトはあったものの，乳幼児期において愛着に基づく信頼関係は形成されていたと思われる．信頼関係に基づいて施設の手伝いなどを行い，自律性が育っている．さらに，親友の支えによって，両親に対しても客観的に見ることができている．

05 教科指導における開発的生徒指導

❖本時のねらい
1　教科指導における生徒指導の3機能の役割を考える。
2　教科指導における開発的生徒指導を検討する。

❖導入問題
❶児童生徒に自己指導能力を育むための生徒指導の機会は，学級活動，学校行事，各教科指導，道徳の時間，総合的な学習の時間，放課後の活動，給食，清掃，休み時間，校外指導，その他のうちどれでしょうか。
❷4章の理論と下記の生徒指導の3機能の関連を話し合ってください。

05-01　生徒指導の3機能

　『生徒指導提要』（文部科学省，2011）は，児童生徒の自己実現を目標に，児童生徒の自己指導力の育成ができるような指導・援助として生徒指導の3機能への留意が重要であると述べています。まず，三つの機能を説明します。
　①の「自己存在感を与える」とは，児童生徒に自分が価値ある存在であると実感できる場を提供することです。②の「共感的な人間関係を育成する」とは，互いに認め合い，学び合うことができる場の提供を行うことです。③の「自己決定の場を与える」とは児童生徒自ら課題を見つけ考え判断し決定できるような場を与えることを意味しています。
　マズローは，人間は，所属の感情や愛情，自尊感情欲求を満たすことにより，自己実現をしていくということを自己実現理論において提示しました（Maslow, 1971）。生徒指導の3機能は，マズローの自己実現の道程になるものと考えることができます。また，生徒指導の3機能は，4

生徒指導の3機能

①自己存在感を与える
②共感的な人間関係を育成する
③自己決定の場を与える

章で述べた発達や学習の理論で述べられていた児童生徒の発達を促すものといえます。つまり児童生徒の発達を促す開発的生徒指導を目指すものだと考えられるのです。教師は，学校教育のなかで，児童生徒にこのような場を与えるための工夫が必要です。

05-02　教科における開発的生徒指導

(1) 大村はまの実践例

　生徒指導主事および生徒指導主担当者へのアンケートをみてみましょう。意外に思われるかもしれませんが，自己指導能力を育てる機会は，学級活動でなく，教科指導がもっとも適しているという結果が得られています（表5-1）。学校生活のなかで，教科指導は，もっとも長く児童生徒と過ごす時間であり，個々の児童生徒とのかかわりも多いからです。教科指導は学校教育の中心であり，開発的生徒指導を行うのに最適な場であるといえます。

表5-1　アンケート調査「児童生徒に自己指導能力を育むための生徒指導の機会」（常本ら，2011）

対象者：岡山県小中学校の生徒指導主事，または生徒指導主担当者　時期：2011年　複数回答 1-3位までの合計（%）

	小学校（208名）		中学校（93名）	
1	各教科の授業時間	80	各教科の授業時間	782
2	学校行事	54	学校行事	703
3	学級活動	43	学級活動	38
4	道徳の時間	41	放課後	38

他の項目　総合的な学習の時間，放課後の活動，給食，清掃，休み時間，校外指導，その他

　実は，過去において，教科における開発的生徒指導の実践を目指した先生がいます。それが，「大村はま」です。倉澤（2009）は，大村はまの授業は不登校や非行を減らすのではないかと述べています。大村はまへのインタビュー調査や授業の様子から，生徒指導の三つの機能がどのような役割を果たしているか考えていきましょう。そして，自分の教科のなかで取り入れることができる実践について考えてみてください。

資料5-1　大村はまのインタビューと授業の様子の書き起こし（大村，1976）

大村はまへのインタビュー
　教師は，「教師とはどういうものなのか，教えるとはどういうことか」，原点にもどってしっかり考えなければいけないと思います。はじめのうちはいい授業をしたいと思いました。やさしい熱心な教師でした。けれども，教師はそれだけではだめなんだ，それだけでは普通の人と同じだ，と思いました。そのほかに，未来を築く子どもたちのもつべき力を確実につけなければならないと思いました。それがなければ職業として曖昧だと気がつきました。それからやり方が変わってきました。生活の必然，生活の中で生きることを考えました。なぜやらなければならないか，目的のあることが熱心にやれると思いました。何の目的もなく「ここをお読み」ということはやらなくなりました。それから，新鮮なことがないと子どもは魅力を感じないと思いました。教材につけ，やり方にしろ，同じ教材を使わない。生徒にも新鮮，私自身がたいした修行をしなくても新鮮な気持ちで教室にでたいという思いでした。それから，

資料5-1　大村はまのインタビューと授業の様子の書き起こし （大村，1976）

面白くということも考えました。面白くも楽しくもない気持ちで，何を覚えるのか何を考えるのか，と考えました。その意味で楽しくと考えましたが，楽しければいいと思いませんでした。子供たちが楽しい顔をしているときに，私は冷たいような心で，子どもたちが今何の力をつけつつあるか，それを見つめてきたつもりです。教師は，今何の力をつけなければならないか，今つけているか，ときちっと見つめていないと，「面白い授業とか新しい授業とか」，ただそれだけにすぎないものになると思います。

授業の様子1

※（　）は生徒の言葉，「　」は大村はまの生徒への言葉かけです

　中学1年生の話す力をつける勉強です。漫画を教材として使いました。おもしろいものであれば，元気よく話せるのではないか，それから聞くときにも気を散らさないかと思って漫画にしました。4こま漫画の言葉がつけてありません。その漫画をまず読み，一人二つ選びました。それに言葉をつけて，説明するわけです。勉強の手順はプリントに配り，生徒は自分のペースで勉強できるようにしました。私は，その間は，みんなの所に回って，「どういうことを言ったのかしら」「おかあさんはどうしたのかしら」「何を言ったのか」と質問します。優れた子には「どんなことが，考えられるか」「大人とするとどんな言葉がちくりとくるのか」と質問します。それを生徒はプリントに書きます。話し言葉の特色がでるようにしました。クラス分印刷します。そして，発表会です。

〈先生とてもゆかいなところがあります〉「どんなところ」〈花火を買ってくるのですが，まだ明るいからとやってもらえません〉「どこにありました？」〈ここです。言葉をつけるとこんなかなと思います。（くりちゃん）ママ花火，（ママ）暗くなったらやりましょう，（くりちゃん）やろうよ，（ママ）まだあかるいでしょう，（パパ）お日様があんなに高いだろ，（ママ）夕ご飯を食べてからね，（パパ）そうだよ，（くりちゃんがサングラスをしてくる）（くりちゃん）これなら暗いよ。くりちゃんのあどけない様子が出ています〉〈先生，くりちゃんのことでみんなが困っているところがあります〉「どこにありましたか」〈帽子を百貨店で買うところです。（従業員がくりちゃんに帽子をかぶらせる）（従業員）これも大変お似合いですよ，（ママ）この野球帽をみせていただける。こちらも，（くりちゃん）大変だ，（従業員）どうぞ結構ですよ，（パパ）こちらも似合うよ，（従業員，帽子の入った段ボールごとこっちに持ってきて）（くりちゃん）え～まだこんなにあるの，（逃げ出すくりちゃん）（くりちゃん）もう良いよ。お父さんとお母さん，みんながくりちゃんのことを考えているのに，くりちゃんがそう思っていないところです〉

授業の様子2

　同じ中学1年生の教材『子ども風土記』です。全国小中学生の作文集です。全47冊，推薦文もついています。子ども一人ひとりに違う本を持たせることにより，責任をもたせることができます。生徒は，推薦文どおりのところは赤いテープ，推薦はしていないけどこんなよいところがあるというところは黄色テープ，この点はどうなのかというところには青いテープをおきました。私も机間巡視しながら生徒の本にテープをおきました。

調べ学習の机間指導

「推薦文は方言も読んでほしいと書いてあります。どうして方言があるところを推薦してほしいの？」〈方言が出ていると風俗が出ていると思っているから〉「どういうふうに？」〈僕の本は罪罰人が流された地方の作文です。中央にちかいところの言葉を使っている人もいて，比較ができ，方言には風俗が出ていると思いました〉「風俗が出ているってどんなところに」〈あなたのことをわたしといい，蛙のことをばっくといい，そんなところに風俗が出ていると思いました」「そう。その土地の言葉を使っている顔までうかんでくるの？」〈はい，畑仕事をしている人まで顔が浮かんできました」「それは，作文のなかのどこ？」〈会話をしている言葉です〉

別の生徒へ机間指導

〈（推薦文）はやり言葉としての断絶などでは捉えられない深い問題を私たちに差し出してくれていますということが書いてあります〉「どこがそう？」〈僕が気が付いたのは出稼ぎの家のことです〉「おとうさんは？」〈おとうさんは会社から出稼ぎの手紙がきます〉「おとうさんは行く気ですか？」〈はい，お父さんは稲刈りが終わったら行きますと返事をしています。子ども達は今年は行きませんと手紙を書き，手紙を取りかえようと思います〉「お父さんと子どもと気持ちが違う言葉を挙げて？」〈お父さんは稲刈りが終わったら行かせてもらいます。子どもは行きません。そこです〉「そこが大きな断絶なのね」

　生徒はそれをまとめて同じように印刷します。そして，発表会です。「（推薦文の）変貌しつつある日本の状況がよくわかる。それに対して子ども達がどうたちむかっていくかわかると書いてあります。そこがよくわかるところを挙げてください」〈僕は，山口県をやっています。機械化と専業農家のところです。……農繁期でも機械化で楽にできるという，変わっていく農業を言っていると思います〉「自分だったらここを推薦しますというところを挙げてくれた人」〈はい。私は適当なところに，統計が出ているところを推薦したいと思います。子どもたちの作文のそばに，関連した統計が出ているのでよく理解できました〉

大村はまの生徒は，一人ひとり異なる教材を担当し，授業のねらいにそった言葉や文章を考えたり選んだりします。そして，発表会が行われます。生徒は，大村はまに促され，オリジナルの発表をします。一人ひとり発表内容が異なるため，どれがいいか，どれが見劣るか，比較することがないのです。大村はまの教室は，自己決定の場を与え，自己存在感を与え，共感的人間関係を育成していると考えられます。

(2) 教科指導と生徒指導の3機能との関係

図5-1に，教科における教師と生徒指導の3機能の役割を示しました。

教師は，教科指導において，教材研究をしっかり行い，新鮮な気持ちで授業に向かい，集団として包み込む雰囲気をつくることや，計画的な実践を行う配慮が必要です。これらを，「学びのモデルとしての教師」と表現しました。

そのうえで教師は，児童生徒アセスメントを行い，教科指導の目標を明確にします。これを，「つけたい力の明確化」と表現しました。近年では，一方的な講義だけではなく，児童生徒の興味関心がわく教材を選び，ペア学習やグループ学習などの能動的な学習方法もとりいれることが大切ですし，さらに，自らの学びを振り返れるようにする工夫も必要です。

教師は，学習を進めるにあたって，児童生徒が工夫できるような教材を考え，児童生徒が自

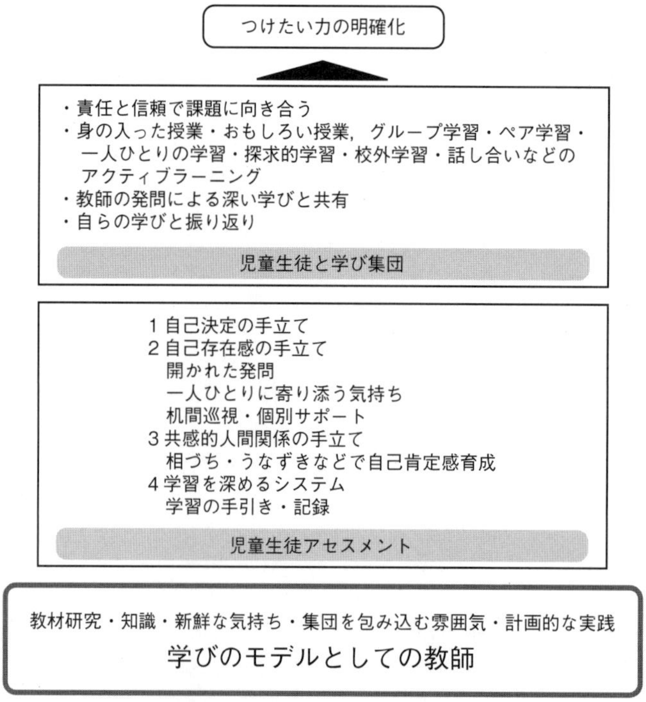

```
                  ┌──────────────────┐
                  │  つけたい力の明確化  │
                  └─────────▲────────┘
                            │
┌───────────────────────────────────────────────┐
│ ・責任と信頼で課題に向き合う                      │
│ ・身の入った授業・おもしろい授業，グループ学習・ペア学習・ │
│  一人ひとりの学習・探求的学習・校外学習・話し合いなどの │
│  アクティブラーニング                             │
│ ・教師の発問による深い学びと共有                    │
│ ・自らの学びと振り返り                            │
│ ▬▬▬▬▬▬▬▬▬▬ 児童生徒と学び集団 ▬▬▬▬▬▬▬▬▬▬ │
└───────────────────────────────────────────────┘
┌───────────────────────────────────────────────┐
│ 1 自己決定の手立て                                │
│ 2 自己存在感の手立て                              │
│   開かれた発問                                   │
│   一人ひとりに寄り添う気持ち                       │
│   机間巡視・個別サポート                          │
│ 3 共感的人間関係の手立て                          │
│   相づち・うなずきなどで自己肯定感育成             │
│ 4 学習を深めるシステム                            │
│   学習の手引き・記録                              │
│ ▬▬▬▬▬▬▬▬▬▬ 児童生徒アセスメント ▬▬▬▬▬▬▬▬▬▬ │
└───────────────────────────────────────────────┘
┌───────────────────────────────────────────────┐
│ 教材研究・知識・新鮮な気持ち・集団を包み込む雰囲気・計画的な実践 │
│           学びのモデルとしての教師                 │
└───────────────────────────────────────────────┘
```

図 5-1 教科における教師と生徒指導3機能の役割

＊アクティブラーニングとは，教員による一方向的な講義形式の教育とは異なり，学習者の能動的な学修への参加を取り入れた教授・学習法の総称のことを指す（文部科学省，2010）

ら課題を見つけ考え判断し決定できるような場（自己決定の手立て）をつくります。さらに，開かれた質問「なぜそのように考えたの」「なぜ，そこに感動したの」「自分はどうしようと思うのかな」「隣の人はこう考えたけど，あなたはそう考えたのね」というように，一人ひとりに寄り添う気持ちで発問します。つまり，自己存在感を引き出す手立てを行います。そして，つまずきや誤解を活かし，児童生徒のよさを引き出して共感的人間関係をつくります。

教科のなかで，開発的生徒指導を行うためには，教師が生徒指導の3機能を活かす姿勢をもち，児童生徒は，自ら考え，答えを出し，そして，個々に認め合う——このようなかたちで児童生徒の学習を促すことができるのではないでしょうか。

05-03 復習

表 5-2 発達における問題解決型の学習への展開

教室での学習 8 時間
1　ことばの発達と大人の役割
ア　ことばによるコミュニケーションの発達 　　　喃語，一語文，多語文，文章 　イ　大人の対応 　ウ　思考と言語 　エ　言語的思考 　オ　家族におけるコミュニケーションの重要性
2　子どもの絵本
ア　絵本の意義 　イ　絵本の条件
3　発達にあった絵本
ア　年齢と絵本 　イ　絵本の種類
4　年齢にあった絵本作り
5　絵本の与え方読み聞かせ

↓

保育体験学習
市立図書館での絵本展示と読み聞かせ
ふれあい保育実習

↓

実習による体験学習
子どもの話を聞くことができる。 正しい日本語で話しかけるよう注意できる。 真実を伝えるよう注意できる。 ことばの発達の個人差，年齢差がわかる。 年齢にあった絵本がわかる。 子どもに読み聞かせができる。 手作り絵本のよさが理解できる。 子どもに接することができる。

もう一つ，筆者が教科のなかで行った開発的生徒指導を紹介しましょう。

これは，家庭科の「保育」の単元の授業です（石川，1994）。家庭科は系統的な学習の部分もありますが，問題解決型の学習も可能な教科です。そしてこの授業のなかで，30年前から保育体験学習を実施していました。当時，すでに，少子化・情報化の影響を受け，人間関係が希薄になり，人間関係のなかで育っていくべき情緒が不安定になる傾向がありました。そこで，人間形成に必要な愛情というものを青年期の高校生に見てもらいたいと考え，保育園の協力を得て体験学習を実施しました。

学習の目標は，①乳幼児の発達を学習する，②子どもの成長にとっての家庭・社会環境の役割を知る，です。

学習を進めるうえでの工夫としては，①乳幼児に接したことのない生徒が多いので，視聴覚教材を取り入れて理解を進める，②手作り絵本の製作を通して，個々の生徒が乳幼児の言葉の発達における問題解決型の学習ができるようにする（表5-2），③幼児の理解ばかりでなく，子どもとの接し方なども生徒が考え，保育体験学習で活かせるよ

うに工夫する，などを行いました。

　保育体験学習ですので，生徒は，手作り絵本製作ばかりでなく，講義も真剣に受講せざるを得ません。保育体験学習出発前には，手作り絵本の発表会です。幼児を想像して，読み聞かせの練習を行いました。

　この保育体験学習後のアンケートを図5-2，5-3に掲載しました。学習内容は，少し異なりますが，男女ともに肯定的な意見が多く見られました。そして，子どもへの理解が深まり，保育士の方から接し方などを学ぶことができたと答えています。

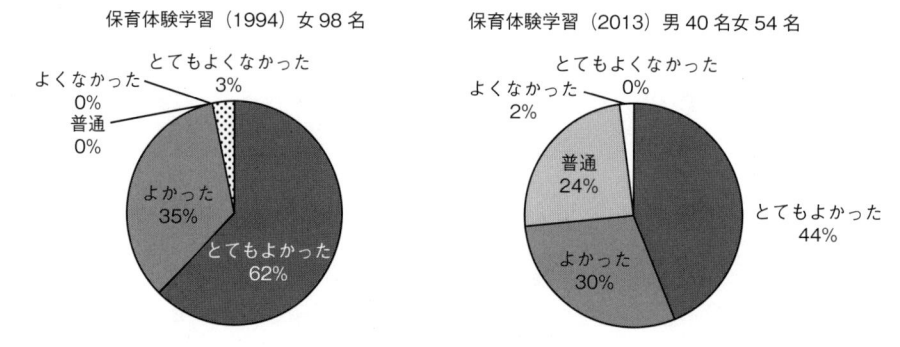

図5-2　保育体験学習後

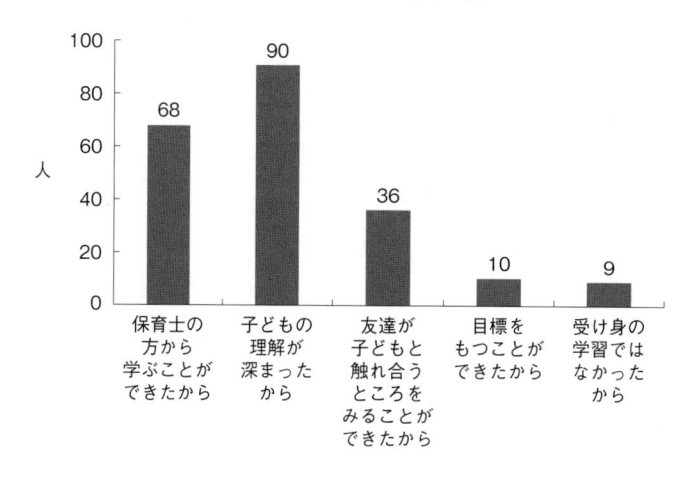

図5-3　保育体験学習後よかったと思う理由（2013）複数回答

❖復習問題
①教科のなかで開発的生徒指導を行うことはできるでしょうか。
②あなたが受けた教科指導のなかで，開発的生徒指導と思われるものを話し合ってください。
③教科のなかで生徒指導の3機能はどのような働きがありますか。話し合ってください。

【引用・参考文献】

石川美智子（1994）．ふれあい保育―教科の中でのボランティア活動　教育愛知

大村はま（1976）．教える　NHKビデオ　大村はまの世界　第1巻　NHKサービスセンター　筑摩書房［映像資料］

大村はま・倉澤栄吉（2009）．大村はま―創造の世界　大空社

常本直史・岡本邦尚・野崎誠二・赤木陽一朗・大久保三月（2011）．学び合いを促進する教師の関わりについての研究　岡山県総合教育センター

文部科学省（2010）．用語集〈http://www.mext.go.jp/component/b_menu/shingi/giji/__icsFiles/afieldfile/2012/03/28/1319067_2.pdf（2015年4月11日確認）〉

文部科学省（2011）．生徒指導提要

Maslow, A. H.（1971）．*The farther reaches of 4human nature*, The Viking Press.（マズロー，A. H.／上田吉一［訳］（1973）．人間性の最高価値　誠信書房）

06 学校における心理教育と開発的生徒指導

❖本時のねらい
1 学校における心理教育の意義について知る。
2 開発的生徒指導について理解する。

❖導入問題
❶ソーシャル・スキル・トレーニングを学校で経験したことはありますか。思い出してください。
❷学校における心理教育について知っている人は，他の人に説明してください。
❸以下の事例の活動について，その特徴を話し合ってください。

【事　例】
　Aは，いつも一緒にいるBからきつい口調でいろいろ言われていた。また，Bはまわりの友達に対して，Aに話しかけないように働きかけていた。Aが所属する班の班長Cは，それを見て「Aはまだ気がついていないようだけどいじめではないか」と担任に相談した。授業後の班長会で話し合うことになった。すると，他の班長からも，BからAを無視しようと声をかけられたと発言があった。時間をかけて話し合った結果，班長会は，担任に道徳の授業で「いじめ」についてやってほしいと依頼し，①いじめを絶対許さないという雰囲気をつくる，②「いじめをなくすキャンペーン」を班長会で行う，③他のクラスメートにもBに同調しないように働きかける，④Aへのサポート体制を整えるという対応を決め，実践した。しだいに，BのAへのいじめはなくなった。あるとき，Bは上級生とけんかをしたが，クラス全体でサポートした。
（中里（2014）の事例を了解を得て筆者が一部修正）

06-01　心理教育の意義と背景

(1) はじめに

　2章で，学校における児童生徒の変化について紹介したように，現在の学校では，児童生徒に心理・社会面の教育が必要となってきています。その際の一つのキーワードとして心理教育があります。心理教育は，現在，医療・福祉・産業・教育など，多様な領域で行われていますが，もともとは，精神医学から始まりました。心理教育の定義について，袰岩（ほろ）は「心理療法的配慮を加えた教育的援助」としています（袰岩，1998）。

また、岡村は「生徒たちに、心理的なスキルを教授することに焦点を当てた教育フレームからの広い意味でのカウンセリングのアプローチ」としました。このとき岡村は、学校における心理教育を意識して、「生徒」という言葉を用いています（岡村, 1997）。筆者も、医療・福祉・産業といった領域とは異なる、学校を対象とした心理教育が必要だと考えています。ここでは、学校における心理教育を「個々の児童生徒に配慮して行う心理・社会面、健康面の教育」と定義します。

(2) 心理教育の意義と構造

心理教育は、個人・集団の動機を高め、心理・社会面、健康面の自律的な適応を促します。そればかりでなく、心理・社会面、健康面の問題行動の予防や早期の解決を図ります。したがって、これも開発的生徒指導の一つだといえます。

心理教育の構造を図6-1に示しました。

心理教育は、「知識・情報の共有」と「体験学習」「参加者のサポート」という三つの構造から成り立っています。児童生徒に自律的な能力をつけるためには、知識・情報の共有が必要です。例えば、居心地の良い集団と悪い集団の意義やリスクの情報を共有します。そして、参加者のサポートやコミュニケーションが円滑に行われるように工夫して進めます。また、ソーシャル・スキル・トレーニングばかりでなく、心理劇やロール・プレイングなどの体験学習もあります。しかし、個人・集団の自律的な適応を目指した教育ですので、体験学習だけでは、生徒児童の自律的な適応は難しいといえます。効果的な心理教育のためには参加者のサポートが必要なのです。

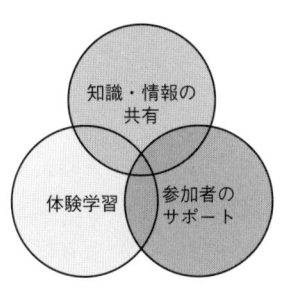

図6-1　心理教育の構造

(3) 心理教育の背景

なぜ、今、心理教育が求められているのでしょうか。第一に心理教育には、問題行動の発生を予防するという意味があります。筆者の教師としての経験のなかで、問題行動の発生には、環境の影響も大きいことがわかってきました。筆者の経験では、自尊感情やアイデンティティは、まわりの人々とのかかわりのなかでつくられます。つまり、集団の環境をよくして、個々の負荷を少なくし、問題の予防につなげるのです。

第二に、援助者側の方にも事情があります。日本の教師は、多くの役割を担い、一人あたりの生徒数は、OECD諸国の平均と比較して7人も多い状態です（OECD, 2014）。教師の力だけでは、限界があります。集団の力をつかって、児童生徒の自律的な学習を促すことが大切です。

いずれにしても、もっとも重要なことは、児童生徒の心理・社会面、健康面の発達を促し、みんなで学んでいくという雰囲気をつくることです。

06-02　学校における心理教育の注意点

(1) 児童生徒アセスメントとテーマ選び

　学校における心理教育の実践には，児童生徒がどのような発達課題に直面しているのか，そして，どのような問題をかかえているのかについて，焦点をさだめたテーマを選ぶことが大切です。この場合，児童生徒アセスメント（☞3章）を行って心理・社会面，健康面の課題を考えて，テーマを選びます。

　思春期には，人間関係のトラブルがつきものです。それに対して，どのような心理教育が適しているかを考えて，心理教育の計画を立てます。また，中学3年生には，最後の体育祭という大きな学校行事があり，その後，高校入試があります。なかには，就職する生徒もいます。集団として体育祭を気持ちよく行うためにはどのようなテーマが必要か，その後の入試や就職試験のためにはどのようなテーマが必要か，個人，特別なニーズ教育を必要としている児童生徒，集団のアセスメントを行います。

　そのうえで，テーマにそった心理教育を考えましょう。

(2) 知識・情報の共有の仕方

　児童生徒の個々の経験に触れるように，知識・情報の共有を行います。そして，対処まで考えることができるようにします。児童生徒の実態にあった授業が大切です。

　例えば，表6-1は怒りの感情のコントロールについての担任の会話例です。このように，できるだけ，知識・情報を個々の児童生徒のレベルで考えさせるようにします。

表6-1　怒りの感情のコントロールについての担任の会話例*

〈自己開示〉	「先生は小さい頃，怒りん坊さんだったんだ。友達に意地悪したり，からかったりして面白がってたんだ。みんなはだれかを，いじめたことあるかな。正直に言えることが大切なんだ。どう？」
〈受　容〉	「よく言えたね」
〈リスクの確認〉	「そんなことされたら，どう思う」
〈意　義〉	「私たちは，からかわれたり，ばかにされたりしてもいいのかな」 「じゃあ逆に，私たちは，からかったり，ばかにしたりして人を傷つけていいのかな。そんな権利あるのかな」
〈自己を深める〉	「自分をコントロールできないときって，どんなときなんだろう」 「なにが君をそうさせたの」 「どうして力を見せつけようとするんだろう」 「怒りを抑えるのは，お母さんの仕事，友達の仕事？」 「どうしたら，自分と人を受け入れることができるようになれるかな」

*「カナダのいじめ対策」の教師と児童の会話を筆者が分析

(3) 保護者の理解

　心理教育を実施する場合，その意義を保護者に伝えて理解を求めます。方法としては学級開きやクラス通信などがあります。その際には，心理教育という言葉を使わずに，「こんなクラスをつくりたいと思い実践しています」という言い方がよいと思います。また，保護者懇談会などにおいて，導入として体験学習を実施する方法もあります。

(4) 体験学習を躊躇する児童生徒への配慮とルール

　代表的な体験学習である構成的エンカウンターの効果が期待できるのは，大きな問題をかかえていない児童生徒です（石隈, 1999）。同様のことは，他の体験学習にもいえます。したがって，発達障がいがある児童生徒や不安傾向が高い児童生徒には，個別の対応が必要です。例えば，元気がない児童生徒や，集団に対して何らかの困難をかかえている児童生徒には，個別の配慮が必要です。教師は児童生徒の行動や発言に注意して，場合によっては，グループ訓練に参加させず，見学することを促します。また，事前の注意として，どうしても話したくないことは話さなくてもよいなどのルールを伝えます。

(5) スクール・カウンセラー，スクール・ソーシャルワーカーとの協働

　佐々木と菅原（2009）は，1ヶ月間の短期集中プログラムで学校心理士が，児童アセスメントと，構成的エンカウンターの実施を行う調査によって，その効果の検証を行いました（対象者：3つの小学校の4-6年生10クラス〔172名〕）。この調査では，学校心理士が，担任にコンサルテーションし「問題の意味づけの再構築」を行うというフォローアップを行った結果，クラスによって結果は多少異なりましたが，効果の持続がみられました。

　さらに，アメリカやカナダでは，学校心理士が，いじめ予防，薬物乱用，校内暴力，妊娠，中退，自殺といった困難をかかえた児童生徒について心理教育を行い，成果をあげています（Jimerson et al., 2007）。

　したがって，日本でも，心理教育を実施するときには，スクール・カウンセラー，スクール・ソーシャルワーカーなど教師以外の専門家とチームを組むことをお勧めします。アセスメント，プログラム作成，コンサルテーションまで，チームを組むことにより，より大きな効果が期待されます。とくに，困難をかかえた児童生徒がいる学級の心理教育には，専門家の援助を求めるべきでしょう。

(6) 学校における心理教育と学校・学年・学級年間計画

　心理教育は，一度にすべてが完成するようなものではありません。意義を明確にし，集団が継続してサポートできる雰囲気にすることが重要です。復習（06-04）に1年間のプログラム例を挙げてみました。無理のない計画で，意図的・継続的な指導を心がけましょう。

06-03　体験学習の種類

　いろいろな心理教育がありますが，体験学習としてその種類と課題を紹介します。知識・情報の共有，参加者のサポートはそれぞれにおいて必要です。集団での学習は集団圧力がかかり，かえって傷つく児童生徒も出てくるため注意が必要ですので，ここでは，比較的リスクの低い項目から挙げてみました。みなさんが，興味関心をもった項目を勉強してください。

　みなさんが，教師になったときに，専門性の高い領域があれば，それが実践の柱となり役立ちます。下記に示した項目のなかには，技法としても重なっている部分があることを確認しましょう。さまざまな心理教育についての理論には共通部分があり，勉強を重ねることで他の理論も理解できるようになります。

(1) ストレス・マネジメント教育

　セリエは，ストレスを外部刺激による心身のゆがみと定義しました（Selye, 1936）。その後，心理領域のストレス研究も発展しました。ストレス・マネジメント教育とは，自分のストレスを自分で管理・コントロールする術を教えることと定義されています（大野ら，2003）。

　このストレス・マネジメント教育は，いじめの予防法として注目されており，文部科学省は，ストレス・マネジメントを学校で実施するように求めています（文部科学省，2011）。

　このストレス・マネジメント教育は，コーピング（対処）を中心に行われています。ストレスの原因となるものをストレッサーと呼びますが，コーピングは①ストレッサーを回避，自己主張して取り除く，②認知の仕方を変える（論理的思考），③気分をしずめる，④身体の興奮をしずめるという四つの面から考えることできます。

　具体的には，「対人スキルの向上」「『ねばならない』という考えを変える論理思考」「リラクゼーション」「呼吸法」などの技法があります。

(2) ソーシャル・スキル・トレーニング

①ソーシャル・スキル・トレーニングとは何か

　ソーシャル・スキルについては，さまざまな定義がありますが，本書では，「非言語および言語コミュニケーションを身につけることによって，心理・社会面の適応を促す技法」と定義します。ソーシャル・スキル・トレーニング（以下SST）を行うことによって，学級適応や自尊感情の向上，怒りなどの感情のコントロールがうまくなるだけではなく，集団のなかの適応を高めることができると考えられています。

　SSTは人格の変貌を目指した長期間必要な心理療法とは異なるものです。ソーシャル・スキルを身につければ，短期間で人間関係がよくなる可能性があります。中村と越川は，いかなるいじめも容認されない心理教育といじめ介入のSSTを中学生に50分実施しました。

その際，スクール・カウンセラー2名と教師が協力してプログラム開発と授業を行いました。その結果，いじめを否定する規範意識が高まった，と報告しています。わずか1回の授業で一定の成果をあげた事例です（中村・越川, 2014）。

②ソーシャル・スキル・トレーニングの技法と課題

SSTは，一人を対象とする場合だけでなく，学級単位で行う場合もあります。しかし，高校生になると学級単位の集団実施が難しいという報告もあります（有賀ら, 2011）。そこで，石川はキャリア教育と関連づけて，SSTを実施しました（石川, 2013；☞7章）。

技法は，次の五つです。(1)教示：学習すべきスキルの習得の意義と方法を理解します（情報共有）。(2)モデリング：具体的な行動や言語を見ます。(3)ロールプレイング：体験学習します。(4)強化：教師や児童生徒がロールプレイングに対してコメントをして強化します。(5)一般化：定着するようにワークシートや課題などを行います。

学校で行うSSTのプログラムは，自己認知スキル，コミュニケーションスキルとして「コミュニケーション態度・やりとりの流暢さ」「ノンバーバルコミュニケーション」「相手の立場や気持ちの理解」，社会行動面では「集団参加」「ルールの理解」「提案・助言」「共感的態度」「適切な自己主張」などがあります（安住, 2012）。

「適切な自己主張」は，「アサーション・スキル」としての研究が進んでいます（平木, 2009）。また，怒りの感情のコントロールの「アンガー・マネジメント」の研究も行われています。

(3) ピアサポート

ピア（Peer）とは同じまたは似通った年齢の仲間のこと，サポート（Support）とは支援，支える意味のことです。森川は，以下のように，学校における生徒による支援の研究の始まりを述べています（森川, 2001）。

> 1970年代の後半カナダのスクール・カウンセラーの制度が導入され……80%は生徒同士で相談し解決している実態が明らかになる。Carr, R. 博士らはこの点に注目し，ごく限られた生徒の個別の治療の枠を越えてスクールカウンセリングを展開することになった。やがて，その研究はアメリカ・イギリスに広まっていった。

ピアサポートの研究の過程において，30種類以上の同輩支援の形がうまれました。石川（2003）も，いじめ，けんか，希望せず室長になるなど，対人関係が原因の不登校・問題行動には，ピアサポート活動が有効であることを指摘しました。

ピアサポート学会は，ピアサポートプログラムを開発しています。ピアサポーターの能力を高めるため，トレーニングをして，計画，実践，振り返りまでのピアプログラムを作成し提案しています（栗原, 2011）。一方，石川は自然にうまれたピアサポートの研究をしました（石

川，2003)。そして，ピアサポーターの心理的特質として平均以上の知能があり，さらに，共感・倫理観の高さ，責任感の強さに特徴があることを示しました。困っている友達を助けたいという児童生徒の気持ちを大切にするために，直接の援助に向かない児童生徒は，ポスター作りなどの事務的なサポートにまわってもらうことも一つの方法です。

もちろん，ピアサポート活動にも課題があります。例えば，西山（2001）はピアサポーター側の心理的負担を挙げています。それは「ピアサポーターの被支援者との同一化」「被支援者のピアサポーターへの依存」といったものです。ピアサポーターの訓練の有無にかかわらず，ピアサポーターへの教師の助言は不可欠です。例えば，サポートに熱心なあまり，授業をさぼるなど学校のルールを破るようなこともあるかもしれません。教師はピアサポーターの言動にも注意し，見守る必要があります。また，スクール・カウンセラーなどの助言を求めることも大切です。

(4) 自律訓練法

精神医学者シュルツが開発した，精神の安定やバランスをはかる催眠法です。5分ぐらいの短時間で，リラックスできます。グループワークではなく，個々に実施しますので，実施しやすいのが特徴です。この手法は，ストレス・マネージメントとしても，用いられています。例えば，静かな雰囲気にして，児童生徒は座って目をつぶります。教師は「気持ちがゆったりしている」「右腕が重たい」「右腕が温かい」とそれぞれ3回ずつ繰り返します。次に左腕，右脚，左脚と順番に行います。最後に「目がさめます」と繰り返します。自律訓練法は，このように簡単にできることが特徴です。

(5) 構成的グループエンカウンター

エンカウンター（encounter）という言葉は，翻訳すれば「偶然に出会う」という意味です。構成的グループエンカウンターとは，課題を遂行しながら，人間関係を深め，自己の成長を図ろうとする体験学習です。例えば「隣りの人に1分で自己紹介をしてください」という課題があります。テーマのない自由な話し合いを中心とした体験学習である非構成的エンカウンターとは違い構成的グループエンカウンターは，ゲームに近い体験学習なので，実施しやすく参加しやすい特徴があります。

しかし，「永続的な効果が難しい」「傷つく人もいる」「同調が強制される」など，批判的にみる心理学者もいます（コーチン，1980）。また，すでに人間関係ができて，トラブルが起きている状態の場合，実施が難しい場合があります。信頼関係がないと自己開示が心的外傷になる場合があるのです。したがって，実施するときには，心理教育の留意点をもう一度確認してください。

> **コラム：構成的グループエンカウンターの技法と理論**
> 構成的グループエンカウンターを進めるにあたっては，教師も含めた参加者が，言葉だけではなく，ジェスチャー，立ち居振る舞いなどによって感情を表すことが重要になります。
> 　構成的グループエンカウンターの展開は，ウォーミングアップ（和む時間），インストラクション（知識・情報の共有），エクササイズ（実施），シェアリングです（國分, 1999）。とくにシェアリングが重要で，構成的グループエンカウンターを実施して，参加者がどのような感情をもっているか共有します。つまり信頼関係のもと，参加者が自己開示を行い，集団がそれを受け入れます。エクササイズは，どんどん開発されています。

(6) 心理劇

　モレノが考案した心理療法で，対人関係から生じる心理的問題を解決する方法です。サイコドラマともいいます。ロール・プレイングも心理劇の一種です。児童生徒や教師が，演技者，観察者となって劇が行われます。その後，全員でその気持ちをシェアします。参加者は，問題場面での反応を学習します。いじめ防止にも効果がある可能性があります。

06-04　復　習

❖復習問題
①心理教育の構造を挙げてください。
②下記（1年間のプログラム例）のねらいを話し合ってください。
③教科のなかで行うことができる心理教育を考えましょう。

【1年間のプログラム例】
4月学級開きなど
　①フリーウォーク，クラスを自由に歩き，出会った人とジャンケンをして勝った人が質問する
　②仲間づくり・学習のためのスキルトレーニング
　③ピアサポーターも兼ねた班長会立ち上げ

保護者懇談会
　①保護者が自己紹介をする時に，小中校時代の一番楽しかった思い出を話し，名前を言う

大きな体育祭前に
　①君はどこかでヒーロー　　競技以外の場面で，学級の一員として何ができるか話し合い，そのアイディアを短冊に書き，教室に貼る。行事の後，学級全員に対して，がんばった行動に○をつけ，一人ひとりに渡す

各行事・考査前に
　①自律訓練法　1回3-4分

年度の終わりなど
　①出会いと別れを大切に　　2人1組になり，相手の4月当初の印象と今の印象をカードに書いて交換し，感想を話し合う

【引用・参考文献】

有賀美恵子・鈴木英子・多賀谷昭（2011）．長野県の高校生における社会的スキルの関連要因　長野県看護大学紀要 13, 1-15.

石川美智子（2003）．高校における相談活動とピアサポートの研究　愛知教育大学大学院修士論文

石川美智子（2013）．普通科家庭基礎におけるキャリア教育　愛知県高等学校家庭科研究会紀要 49, 13-15.

石隈利紀（1999）．学校心理学　誠信書房

安住ゆう子／LD発達センターかながわ（2012）．楽しく学べるコミュニケーション＆ソーシャルスキルベーシックゲーム―あそびっくす！まなびっくす！　かもがわ出版

大野太郎・高元伊智郎・山田冨美雄（2003）．ストレスマネジメント・テキスト　東山書房

岡林春雄（1997）．心理教育　金子書房

カナダいじめ対策〈https://www.youtube.com/watch?v=C_jvWCZgOV4（2015年4月15日））

國分康孝（1999）．こころを育てるカウンセリング「構成的グループエンカウンター」DVD テレマック

コーチン，S. J.／村瀬孝雄［監訳］（1980）．現代臨床心理学―クリニックとコミュニティにおける介入の原理　弘文堂（Korchin, S. J. (1976). *Modern clinical psychology: Principles of intervention in the clinic and community*. New York: Basic Books）

栗原慎二（2011）．ピア・サポート　春日井敏之・伊藤美奈子［編］　よくわかる教育相談　ミネルヴァ書房

佐々木正輝・菅原正和（2009）．小学校における学校心理学的援助の方法と構成的グループエンカウンター（SGE）の有効性　岩手大学教育学部附属教育実践総合センター研究紀要 8, 107-117.

中里和裕（2014）．2014年度学校教育相談学会総会シンポジウム資料

中村玲子・越川房子（2014）．学校におけるいじめ抑止を目的とした心理教育的プログラムの開発とその効果の検討　教育心理学研究 62(2), 129-142.

西山久子（2001）．ピアサポートプログラム導入による不登校回避の支援―スクールカウンセラー常駐型高等学校における臨床的・実践的研究　岡山大学教育学研究科学校教育臨床専攻修士論文

平木典子（2009）．子どものための自分の気持ちが〈言える〉技術―小さいうちに身につければ，一生困らない　PHP研究所

裵岩秀彰（1998）．心理教育の実践と現状　こころの健康 13(2), 18-21.

森川澄男（2001）．ピアサポーター活動の実際　臨床心理学 1(2), 60-165.

文部科学省（2013）．生徒指導提要

Jimerson, S. R., Oakland, T. D., & Farrell, P. (2007). *The handbook of international school psychology*. Thousand Oaks, CA: Sage.

OECD（2014）．国際教員指導環境調査

Selye, H. (1936). Asyndrome produced by diverse nocuousagents. *Nature*, 138, 32.

07 キャリア教育

> ❖ 本時のねらい
> 1 キャリア教育の意義を知る。

❖ 導入問題
● 次の実践研究（石川, 2013）を読んで，キャリア教育の意義と課題を話し合ってください。

実践研究　普通科高校家庭基礎におけるキャリア教育—ソーシャル・スキル・トレーニングをふまえた早期キャリア教育

1　学校の概要
学校の規模：1学年 5-6 クラス
　　　　　　1クラス 25-36 名
生徒の進路：大学進学率 26.9％
　　　　　　短大進学率 10.0％
　　　　　　専門学校進学率 17.6％
　　　　　　就職率 45.4％

2　キャリア研究の動向と家庭基礎への検討
　本研究では，生活設計という将来を見すえた科目である家庭基礎に関連した，四つのキャリア理論を中心に挙げる。① Super（1957）のキャリア発達理論，②自我の確立のときである青年期の生徒に考えさせたい Schein（1978）のキャリアアンカー理論，③職業選択理論（Holland, 1973），④最後に，経済のグローバル化の影響を受けた Watts（2001）の「個人は自らのキャリアを自ら作り上げるといった発想をする必要がある」というキャリア管理に主眼をおいた理論である。
　これらのキャリア理論を参考にして，家庭基礎における授業内容の検討を行った。
　表 7-1 に，家庭基礎におけるキャリア教育の統合案を示す。

3　結果と考察
　キャリア教育の実践における生徒の変化を検討する。
　対象者：1年生 200 名中，未記入・欠席者を除い

表 7-1　キャリア教育実践　10 時間　（h）＝時間

①	流動化社会における若者の自立（2h）
②	進学した人・働いている人へのインタビュー調査とそのまとめ（2h）☆
③	面接試験の仕方：自己 PR と発表（2h）＊
④	話し合いをしよう：他者理解・自己理解（2h）＊
⑤	生活にかかわる職業と資格調査と発表（2h）＊☆

＊ソーシャル・スキル・トレーニング，☆情報収集活動

た155名（男子69名，女子86名）を分析対象者とした。

生徒の変化

図7-1に進路選択自己効力感における4月，10月の得点平均値の変化とt検定結果を表した。進路選択自己効力感が有意（$p < .001$）に増加している。

山本（2010）の高校3年生を対象とした研究では，キャリア教育を受けた就職希望生徒の進路選択自己効力感は，キャリア教育を受けた専門学校希望生徒とキャリア教育を受けない大学希望生徒よりも有意（$p < .05$）に効果が認められた。山本の研究実施期間中に，就職希望者の就職が決まった可能性がある。山本の研究は，31授業時間のキャリア教育だったのに対し，この研究ではわずか10時間の授業だったが，高校1年生の進路未定者においても，進路選択自己効力感を上げる効果があった。

このように対象となった高校において，早期キャリア教育の効果があることが明らかになった。さらに，当時の校内ボランティアの参加者は，1年生が80％以上をしめていた。また，1年生における退学者は例年20-25％だが，現在のところ4％である。他教科の先生からは「前向きな生徒が多い」「このまま変わらないでほしい」「あいさつができる」などの意見が出ている。

河村・藤原（2010）によれば，進路多様校・非進学校では，人と接するうえでの基本的な言動に関する学習の機会を設ける必要がある。そのうえで，集団へのかかわり方の学習などを段階的に学ぶことが必要である。キャリア教育やキャリア心理学をふまえた教育は，基本的な言動や集団へのかかわり方の学習の機会として，多くの生徒に適していると考えられる。具体的には，進路や職業選択を見すえたものの方が，生徒にも実感が湧いて積極的に取り組めるものになると思われる。また，人間関係を学ぶ訓練であるソーシャル・スキル・トレーニングも，キャリア教育を通して多くの生徒に自然な形で導入できたと考えられる。

図7-2に進路選択自己効力感と内容（下位因子）を示した。内容（下位因子）を見ると「情報収集と計画立案」「アドバイスの活用」「進路変更の柔軟性」，「意志の強さ」が有意に上昇している（$p < .05$ ～ $p < .001$）。とくに，「情報収集と計画立案」および「アドバイスの活用」（$p < .001$）の有意差が大きく出た。これは，キャリア教育を通して将来の就労状況への情報が提供され，生徒が青年期の生活設計の意義を理解したことを意味する。そして，「アドバイスの活用」，つまり学ぶことの意味も理解して，高校生活の必然性とつながった。その結果，退学率減少の一助となったと思われる。進路多様校・非進学校の生徒が学びの場としての学校を居場所に定めたことは，文部科学省の求める「変化の激しいこれからの社会を生きる力」の育成を行ったといえるだろう。

早期キャリア教育は，進路選択への効力ばかりでなく，生徒の自尊感情にも影響を与えた可能性がある。自尊感情の得点平均は4月では2.352点だったが，10月では2.380点と，有意差は認められなかったものの，上昇しているためである。

なお，この結果を厳密に吟味するためには，早期キャリア教育を行っていないグループとの比較研究が必要であろう。

進路選択自己効力感

***

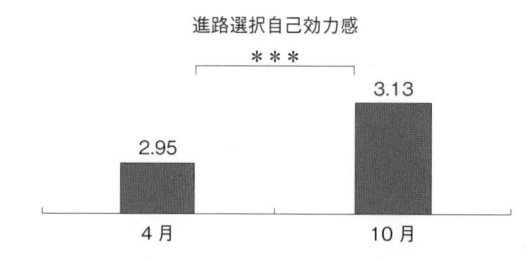

4月 2.95　　10月 3.13

図7-1　進路選択自己効力感における4月，10月の得点平均値の変化とt検定[1] 検討結果（$p < .001$*）**

1) t検定を用いれば二つのグループの平均の差が誤差の範囲内かどうかを調べることができます。t値が有意だった場合，二つの平均に差がないとする帰無仮説が棄却され，二つの平均値に差がある可能性があります。

本校1年生進路選択自己効力感

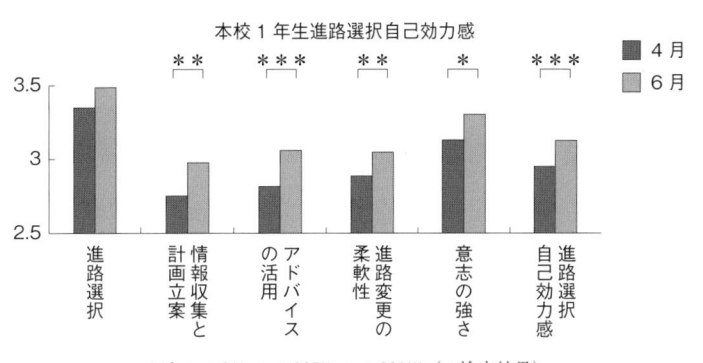

```
   **      ***     **      *     ***
進路選択  情報収集と  アドバイス  進路変更の  意志の強さ  進路選択
         計画立案   の活用    柔軟性              自己効力感
```

$*$ は $p < .01^*$, $p < .005^{**}$, $p < .001^{***}$ (t検定結果)
図7-2　進路選択自己効力感と内容（下位因子）

07-01　キャリア教育の定義と課題

　本章では，キャリアの概念と歴史を紹介します。「キャリア」という言葉はラテン語の「車道」を語源としています。そこから，人の足跡や経歴・遍歴なども意味するようになりました。

　ユネスコは，普通教育における技術教育・職業教育の必要性を指摘しています。ユネスコ「技術・職業教育に関する条約」（1989年採択，1991年発効，日本政府は未批准），「技術・職業教育に関する改正勧告」（1974年採択，2001年最新版）によれば，前期中等教育までは必修科目を通して，後期中等教育以降も選択科目を通して教えることが，国際的な捉え方です。

　日本では，1999年中央教育審議会答申で「キャリア教育」という言葉が初めて教育行政に用いられました。さらに，2011年中央教育審議会は，「今後の学校におけるキャリア教育・職業教育の在り方」について，「①義務教育から高等教育に至るまで体系的にキャリア教育の改善・充実を図る」「②職業教育の意義を再評価し，体系的に整備するとともに，その実践性を高める」「③生涯学習の視点に立ち，社会・職業に関して必要な知識・技能を学び直し，キャリア形成支援の充実を図る」としました（文部科学省，2011）。

　さらに，文部科学省（2011）は，キャリア教育を「一人一人の社会的・職業的自立に向け，必要な基盤となる能力や態度を育てることを通して，キャリア発達を促す教育」と定義しています。本章冒頭で示した実践事例は，まさに「開発的生徒指導」といえるでしょう。

　キャリア教育の課題として，文部科学省（2007）は，キャリア教育は学校のすべての教育活動を通して推進されなければならないとしています。

07-02　キャリア教育が提唱された社会背景

(1) 社会の変化

　07-01 で紹介した国際的な流れを受けて，文部科学省は，進路指導からキャリア教育へと転換を進めています。社会の情報化・グローバル化が進み，産業の空洞化による若者の非正規社員の増加など，従来の雇用形態や社会生活に変化が起きています。また，学級集団の形成が難しくなっていることも情報化社会の影響を受けている可能性があります。情報化社会はライフスタイルや社会生活に変化をもたらし，教育の質までも変えていく必要が出てきました。学校教育でのキャリア教育を通して，社会的・職業的自立のために必要な能力を育成することが求められています。キャリア教育は，学びの質を変えていくきっかけになりうると考えられます。

(2) キャリア心理学の発展：職業と自己または自己概念の深いかかわり

　キャリア教育を進めるうえで，キャリア心理学の研究が発達し，裏付けとなる理論も多数出てきました。従来の就職の斡旋中心の「進路指導」とくらべ，キャリア教育は学問的にも充実し，新しい教材を組み立てるための知見がまとめられつつあります。

　キャリア心理学は，産業心理学から独立した分野を築きつつあります。そこには，組織だけでなく個人を尊重した理念，人生の各段階における社会への役割の変化，学習社会への転換などの概念の変化が含まれています。

　一昔前の産業心理学は，どちらかといえば，生産性に重きをおいた研究でした。しかし，研究していくうちに，労働者個人も大切にしないと，社会的損失が大きくなることがわかりました（「労働安全衛生法」によれば，現在では従業員が月 100 時間以上の残業をした場合，かつ従業員が申し出た場合経営者は産業医に診せなければいけません）。また 4 章でもふれましたが，職業は，自己と自己概念に大きく影響することが明らかになってきました。そして，「ワーク・ライフ・バランス」というキーワードがうまれました。「ワーク・ライフ・バランス」という言葉は，キャリア心理学からうまれた言葉です。

　学校現場にキャリア心理学やキャリア研究を取り入れるための機は熟したといえるでしょう。その研究の一部を紹介します。なおこの領域の参考文献として『キャリア研究を学ぶ 25 冊』を挙げておきます（日本キャリアデザイン学会, 2009）。

①社会的学習理論から発展した進路選択自己効力感尺度

　バンデューラ（A. Bandura）は，人間は他者の行動や態度を観察するだけで学習を行うことができるとする「社会的学習理論」を提唱しました。そして，「自己効力感を予期する」ことの重要性を強調しました（バンデューラ, 1985）。「自分はここまでできる」という思いが，自ら

行動を引き起こすというのです。この理論を発展させて，進路選択自己効力感尺度ができました。進路選択に対して，おおむねやれるという自信が高いほど進路選択が上手に行えるという知見から，尺度が作成されたのです。

②キャリア・アンカー

エドガー・シャイン（E. H. Schein）は当初，個人が会社によってどのように教化されるかをテーマに研究を行っていましたが，うまく結論が出ませんでした。しかし，個人から組織をみるようにした結果，キャリア・アンカーという概念を導き出しました。キャリア・アンカーとは，個人がキャリアを選択する際のより所となる価値観や欲求のことです。キャリア選択において，難しい選択が迫られたときでも犠牲にしたくない自己概念のことを指します（Schein, 1978）。

③個人はキャリアを自ら作り上げる（construct）

ワッツは，社会の変化が激しく，個人のキャリア環境が不安定なことを指摘しました（Watts, 2001）。そして，今後は，キャリアを「決める（choose）」のではなく「作り上げる（construct）」方向に変化する必要があると述べています。

④計画的偶発性理論

クルンボルツは，80％のアメリカ人の現在のキャリアは想定外のもので，偶然によって得られたものであることを指摘し，意思の決定力を明らかにしました（Krumboltz, 2004）。偶然をチャンスに変えるためには，①新しい学習機会を逃さない好奇心，②失敗を恐れない持続性，③目の前の状況や既成概念にとらわれない柔軟性，④困難や障害は当たり前と気楽に考える楽観性，⑤リスクを恐れず行動に移す冒険心が必要であることを指摘しています。この理論は，グローバル化によりすべてをコントロールすることが難しい時代に適したキャリア理論として注目されています。

07-03 日本のキャリア教育

(1) キャリア教育に関する国の方針

文部科学省はキャリア教育にかかわる諸能力について，「基礎的・汎用的能力」を例として挙げています。具体的には「人間関係形成・社会形成能力」，「自己理解・自己管理能力」，「課題対応能力」，「キャリアプランニング能力」の育成を目指しています。この「基礎的・汎用的能力」を，社会的・職業的に自立するために必要な能力としています（文部科学省, 2011a）。

それぞれの能力について次頁の囲みを確認しておきましょう。

ア　人間関係形成・社会形成能力

○「人間関係形成・社会形成能力」は，多様な他者の考えや立場を理解し，相手の意見を聴いて自分の考えを正確に伝えることができるとともに，自分のおかれている状況を受け止め，役割を果たしつつ他者と協力・協働して社会に参画し，今後の社会を積極的に形成することができる力である。

○この能力は，社会とのかかわりの中で生活し，仕事をしていく上で基礎となる能力である。特に，価値の多様化が進む現代社会においては，性別，年齢，個性，価値観等の多様な人材が活躍しており，様々な他者を認めつつ，それらと協働していく力が必要である。また，変化の激しい今日においては，既存の社会に参画し，適応しつつ，必要であれば自ら新たな社会を創造・構築していくことが必要である。さらに，人や社会とのかかわりは，自分に必要な知識や技能，能力を気付かせてくれるものでもあり，自らを育成する上でも影響を与えるものである。具体的な要素としては，例えば，他者の個性を理解する力，他者に働きかける力，コミュニケーション・スキル，チームワーク，リーダーシップ等が挙げられる。

イ　自己理解・自己管理能力

○「自己理解・自己管理能力」は，自分が「できること」「意義を感じること」「したいこと」について，社会との相互関係を保ちつつ，今後の自分自身の可能性を含めた肯定的な理解に基づき主体的に行動すると同時に，自らの思考や感情を律し，かつ，今後の成長のために進んで学ぼうとする力である。

○この能力は，子どもや若者の自信や自己肯定観の低さが指摘される中，「やればできる」と考えて行動できる力である。また，変化の激しい社会にあって多様な他者との協力や協働が求められている中では，自らの思考や感情を律する力や自らを研さんする力がますます重要である。これらは，キャリア形成や人間関係形成における基盤となるものであり，とりわけ自己理解能力は，生涯にわたり多様なキャリアを形成する過程で常に深めていく必要がある。具体的な要素としては，例えば，自己の役割の理解，前向きに考える力，自己の動機付け，忍耐力，ストレスマネジメント，主体的行動等が挙げられる。

ウ　課題対応能力

○「課題対応能力」は，仕事をする上での様々な課題を発見・分析し，適切な計画を立ててその課題を処理し，解決することができる力である。

○この能力は，自らが行うべきことに意欲的に取り組む上で必要なものである。また，知識基盤社会の到来やグローバル化等を踏まえ，従来の考え方や方法にとらわれずに物事を前に進めていくために必要な力である。さらに，社会の情報化に伴い，情報及び情報手段を主体的に選択し活用する力を身に付けることも重要である。具体的な要素としては，情報の理解・選択・処理等，本質の理解，原因の追究，課題発見，計画立案，実行力，評価・改善等が挙げられる。

エ　キャリアプランニング能力

○「キャリアプランニング能力」は，「働くこと」の意義を理解し，自らが果たすべき様々な立場や役割との関連を踏まえて「働くこと」を位置付け，多様な生き方に関する様々な情報を適切に取捨選択・活用しながら，自ら主体的に判断してキャリアを形成していく力である。

○この能力は，社会人・職業人として生活していくために生涯にわたって必要となる能力である。具体的な要素としては，例えば，学ぶこと・働くことの意義や役割の理解，多様性の理解，将来設計，選択，行動と改善等が挙げられる。

　文部科学省が挙げたキャリア教育にかかわる諸能力は例であって，各学校の実態にあったキャリア教育が求められています。

　「基礎的・汎用的能力」にかかわる教材・学習方法を検討しました（表7-2）。一つの教材がいろいろな能力の育成にかかわります。例として見てください。

　いろいろなキャリア教育が行われています。中央教育審議会は「キャリア教育において育成する能力や態度を測る指標の作成方法や検査手法等の開発を行うことは重要であり，今後，専門的な見地から研究が行われることを期待したい」としています（文部科学省，2011b）。実証研究は非常に少なく，今後もキャリア教育を実践し実証していく必要があります。また，キャリア心理学以外にも社会学などの研究も読みながら，自分が担当している児童生徒をイメージすると，伝えたいことや考えさせたいことなどが出てくると思います。そこで，授業の流れを組み立て実践してみてください。どの職業でも，働くことは生き方に関連しており

開発的予防的生徒指導になるのではないでしょうか。このように事前に情報を提供し，将来を考えさせる援助は，教師の得意とするところです。

表 7-2 基礎的・汎用的能力にかかわる教材・学習方法（案）

意義：1 学習者を主体とする可能性 2 職業モデル提示		
ねらい：社会的・職業的自立に必要な能力・態度を育成		
「基礎的・汎用的能力」等	教材	学習方法
人間関係形成・社会形成能力の育成	身近な教材 各教科の教材 職場の教材	話し合い ロールプレイング グループ討議
自己理解・自己管理能力の育成	職業適性と適切な教材	職業性テストから自己理解 調べ学習から自己理解
課題対応能力の育成	個人と職業（社会）のかかわりの学習 ・身近な仕事・社会人 ・興味関心の高い教材 ・国際社会・歴史	調べ学習 インタビュー調査 体験学習 職業人との交流学習
キャリアプランニング能力を育成	自分史	ポートフォリオ・自己評価・相互評価・教師の評価
学習者は生き方を考える	伝記・小説	ライフヒストリーから自己の生き方の考察

職場体験

07-04 復　習

※復習問題

◉日本のキャリア教育において，職場体験が小中高校と重要な学習方法になる。単なるイベントで終わらないようにするためには，どのようなカリキュラムを組んだらよいか，話し合いましょう。

【引用・参考文献】

石川美智子（2013）．普通科家庭基礎におけるキャリア教育　愛知県高等学校家庭科研究会紀要　**49**, 13-15.

河村茂雄・藤原和政（2010）．高校生の学校適応を促進するための援助に関する研究―学校タイプ，学校生活満足度の視点から　学校心理学研究 **10**(1), 53-62.

日本キャリアデザイン学会（2009）．キャリア研究を学ぶ 25 冊　泉文堂

文部科学省（2007）．次代を担う自立した青少年の育成に向けて（答申）
文部科学省（2011）．今後の学校におけるキャリア教育・職業教育の在り方について（答申）
山本幸生（2010）．高校生のキャリア教育プログラムの開発と実践に関する研究　学校教育学研究 22, 31-38.
ユネスコ（2001）．技術・職業教育に関する改正勧告
バンデューラ，A.／重久　剛［訳］（1985）．自己効力（セルフ・エフィカシー）の理論，祐宗省三・原野広太郎・柏木惠子・春木　豊［編］　社会的学習理論の新展開　金子書房
Holland, J. L. (1973). *Making vocational choices : A theory of careers.* Englewood Cliffs, NJ: Prentice-Hall.（ホーランド，J. L.／渡辺三枝子・松本純平・道谷里英［共訳］（2013）．ホランドの職業選択理論：パーソナリティと働く環境　雇用問題研究会）
Krumboltz, J. D., & Levin, A. S. (2004). *Luck is no accident: Making the most of happenstance in your life and career.* Atascadero, CA: Impact Publishers.（クランボルツ，J. D.・レヴィン，A. S.／花田光世・大木紀子・宮地夕紀子［訳］（2005）．その幸運は偶然ではないんです―夢の仕事をつかむ心の練習問題　ダイヤモンド社）
Schein, E. (1978). *Career dynamics: Matching individual and organizational needs.* Reading, MA: Addison-Wesley.（シャイン，E.／二村敏子・三善勝代［訳］（1991）．キャリア・ダイナミクス―キャリアとは，生涯を通しての人間の生き方・表現である。白桃書房）
Super, D. E. (1957). *The psychology of careers : An introduction to vocational development.* New York: Harper & Row.（スーパー，D. E.／日本職業指導学会［訳］（1960）．職業生活の心理学―職業経歴と職業的発達　誠信書房）
Watts, A. G. (2001). Career education for young people: Rationale and provision in the UK and other European countries. *International Journal for Educational and Vocational Guidance,* 1, 209-222.

Part II
生徒指導の実際

08 保護者への対応

❖本時のねらい
1　保護者との連携の目的を知る。
2　保護者と連携した2事例から，担任としての保護者連携のあり方を考える。

※導入問題

❶保護者との連携は，教師のストレスになっているかどうか考えてください。
❷困難をかかえた児童生徒の保護者を，援助チームに入れることができるか話し合ってください。援助チームを保護者に入れるとは，教師や校外専門家と一緒になって，養育機能を高めることです。
❸下記の事例1を読んでなぜ家庭からの連絡がないか，話し合ってください。

【事例1】
対象生徒：高校2年生。まじめな印象で，リーダーシップがある。バレー部に所属している。友だちがミスをしたらさりげなくフォローする。目立たないが，面倒見のよい生徒である。成績は普通である。1年生の9月よりアルバイトをしている。
家族構成：父（45歳），おとなしそうな人（担任談）。祖母（70歳），勤めに出ている。本人（17歳），将来自動車整備の仕事に就きたいと調査書に記入。経済的な困難さはない。
主訴（担任より）：2年生の冬休み明けより不登校。学年会で担任から報告がある。家族からの連絡はない。家に電話連絡をするが，だれも出ない。担任はあせるが，どうしていいかわからない。

その後
副担任が本人に手紙を書くことを提案する。了解され，副担任は絵はがきを出す。すると，初めて祖母から学校に連絡が入る。「学校から孫に絵はがきが来ましたが，どなたですか。孫は，アルバイト先で働き，中卒の友人のところで寝泊まりをしている」という。子どもは家に帰らず，家族は深くかかわらない。アルバイト先の人も注意しない。中卒の友人宅はどうなっているかわからない状況である。
担任は，事前に連絡して日曜日に家庭訪問するが，だれとも会えない。アルバイト先に行って，生徒に会った。生徒は「登校する」と約束するが，結局登校できなかった。3月，通信制高校入学のために，祖母と一緒に来校し，その場で退学届を書く。祖母と本人は，「家庭訪問や，アルバイト先まで来てくれて感謝している」と述べる。

❹あなたが担任ならどうするか考えましょう。

# 08 保護者への対応

08-01 保護者への対応

(1) 教師のストレス要因

教師はいずれの世代においても，生徒指導や事務的な仕事，学習指導，業務の質，保護者への対応に強いストレスを感じる頻度が高いようです。具体的には，「常に」，または「ときどき強いストレスがある」と回答した割合は，生徒指導については約 68％，事務的な仕事については約 64％，学習指導については約 62％，業務の質については約 60％，保護者への対応については約 57％でした（文部科学省, 2013）。

同じ対人サービスであるカウンセラー（心理職）は「カウンセラー（心理職）であれば，とるべき行動が決まっています。これはカウンセラーを守るためとクライアントを守るためという両方の意味があります」と述べています（文部科学省, 2011a）。困難をかかえる方に対応する専門家であるカウンセラー（心理職）には対応の仕方にルールがあり，結果として援助する側ばかりでなく，援助される側も守られているのです。それに対してほとんどの教師は，何の訓練も教育も受けていない状態で，無謀にも多様な保護者にルールなき対応をしているといえます。本章では，保護者のおかれている状況や教師が保護者に対応するときのルールなどを理解していただきたいと思います。

(2) 保護者のおかれている状況

①貧困の問題

保護者の孤立の理由を挙げたいと思います。その一つが，貧困です。

表 8-1 に，「小学生・中学生の要保護及び準要保護児童生徒の説明」（子どもの貧困白書編集委員会, 2009）を示しました。

生活保護だけでなく，子どものみに援助をする準要保護の児童生徒も増えています。子ども達の 15.64％以上が，社会制度からの補助を必要としています。40 人クラスなら，6 人の児童生徒が補助を受けていることになります。その裏には，保護者のかかえる困難や生きづらさがあると思います。

表 8-1　小学生・中学生の要保護及び準要保護児童生徒の説明 （子どもの貧困白書編集委員会, 2009）

		保護者が義務教育のために支出する主な経費			
		学校給食費	通学用品費	学用品費	修学旅行費
要保護者	生活保護法の教育扶助を受給	生活保護（教育扶助）			就学援助（国庫補助）
準要保護者	要保護者に準ずる程度に困窮	就学援助（2005 年度より，国庫補助→市町村の一般財源化）			

②子育てへの不安

保護者の孤立の二つ目の要因は子育てへの不安です。

1980年,大阪で育児に関する大規模調査が行われました（服部・原田,1991）。2003年には兵庫でも同様の調査が行われました（原田,2006）。図8-1,8-2は,その調査結果です。自分の子どもがうまれるまでに「他の小さな子どもに食事を食べさせたり,おむつをかえたりしたことがあるか」という質問に,2003年では56%の母親がそのような育児経験がないと答えたのです（図8-1）。

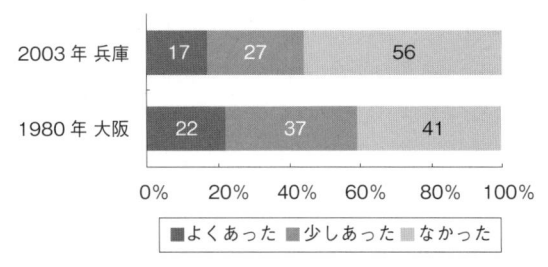

	よくあった	少しあった	なかった
2003年 兵庫	17	27	56
1980年 大阪	22	37	41

図8-1 あなたはご自分の子どもが生まれるまでに,他の小さい子どもさんにたべさせたりおむつをかえたりした経験はありましたか（服部・原田,1991；原田,2004）

子育てでいらいらしている母親は,46%以上でした。育児経験のない母親が多くなり,不安をかかえていらいらしながら子育てをしている様子がうかがえます（図8-2）。

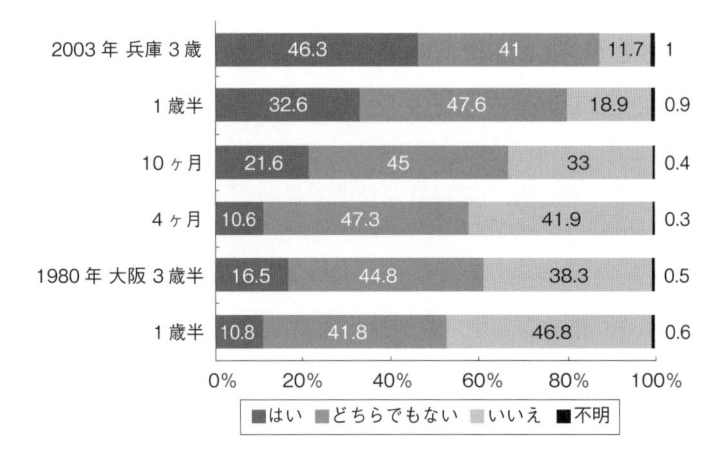

	はい	どちらでもない	いいえ	不明
2003年 兵庫 3歳	46.3	41	11.7	1
1歳半	32.6	47.6	18.9	0.9
10ヶ月	21.6	45	33	0.4
4ヶ月	10.6	47.3	41.9	0.3
1980年 大阪 3歳半	16.5	44.8	38.3	0.5
1歳半	10.8	41.8	46.8	0.6

図8-2 子育てで,いらいらすることは多いですか（服部・原田,1991；原田,2004）

③片親家庭における育児と仕事の両立

三つ目に,事例1のように,一人親家庭の問題があります。表8-2は,一人親家庭の収入と就業状況を表したものです。一人親家庭の平均所得は,一般子育て世帯の約4割です。平均稼働所得は,一般子育て世帯の約3割しかありません。一人親家庭の母親の約8割,父親の約9割が就労していて,そのうち非正規雇用が母親で約5割（平均就労収入125万円）,父親で約1割（同175万円）です。就労していない一人親も,母親の約9割,父親の約8割が就労を

表 8-2　一人親家庭の収入と就業状況 (厚生労働省, 2014)

	母子世帯	父子世帯
世帯数（推計値）	123.8 万世帯	22.3 万世帯
就業状況	80.6%	91.3%
うち正規の職員・従業員	39.4%	67.2%
うち自営業	2.6%	15.6%
うちパート・アルバイト	47.4%	8.0%
平均年間収入（母又は父自身の収入）	223 万	380 万
平均年間就労収入（母又は父自身の就労収入）	181 万	360 万

希望していますが，就業できていない状況です。非正規で働いている母親は複数の仕事を掛け持ちしていることが多いのも特徴的です。「子どもの貧困率」は 15.7% ですが，「大人が一人」の「子どもがいる現役世帯」の相対的貧困率（国民一人ひとりの所得を計算して順番に並べたとき，真ん中にいる人の所得の半分以下の所得の人の割合）は 50.8% と非常に高い状況です（「相対的貧困率」とは，国民一人ひとりの所得を計算して順番に並べたとき，真ん中にいる人の所得の半分以下の所得の人の割合です；厚生労働省, 2014）。一人親家庭は，半分以上が貧しい方に集中しているといえます。ひとり親家庭は，仕事と育児の両立の困難，つまり非正規雇用の増加などの影響を受けながら子育てと生計を一人で担うという不利をかかえる厳しい状況であるといえます。

④保護者と小学生と中学生のコミュニケーションの実態

学校での出来事を家族に話していない児童生徒は小学生 25.6%，中学生で 35.9% もいます（文部科学省, 2011b）。保護者が，不安と自立に揺れる中学生とスムーズに話をするためには，日頃から子どもとの関係を大切にしていないと難しいかもしれません。

以上，貧困，子育て不安，一人親家庭，子どもとのコミュニケーション不足など保護者がおかれている状況について検討しました。

08-02　開かれた学校と保護者の対応における管理職の役割

では学校は，保護者とはまったく連携がとれないのでしょうか。また，保護者の協力がなくても，教育はできるのでしょうか。次は，荒れた学校を立て直した校長先生へのインタビューです。

> 学校が荒れていてもいなくても，私の経営方針には三つの柱があります。①心を通わす授業，いわゆる積極的（開発的）生徒指導をする，②心を育てる道徳の授業を大切にする，③開かれた学校づくりです。赴任したときの生徒の様子を見てなんとか地域保護者

> をとりこまなければいけないということで，スクール・サポーター制度を立ち上げました。地域の方や保護者の方に学校を見に来ていただいて，協力できるところは協力していただくことにしました。ねらいは，教師の精神的安定で，みんなに応援していただいていると実感してほしいからです。生徒にとっても地域の方や保護者の方が，自分たちを見守っている，学校のために何かしてくださるという思いを感じてほしいと思いました。校長として大切にしていることを，「校長室からのたより」を発行して伝えました。……どの子も親にとって大切な子と根底におきます。それと，荒れた状況を見ていただくとき，騒動を起こす生徒の保護者は学校に来ません。その他大勢の子を当たり前のことが当たり前にできるようにして，周りが育っていくようにすることが大切だと思います。それぞれの学級懇談会で，今学校はどういう状況なのか事実を説明します。学校はどのような方針でやっているか説明します。
>
> （住田・岡崎，2011 より）

このように，学校教育は保護者の協力なしには成り立ちません。保護者の中には，学校を助けようという気持ちをもっている方も大勢います。そのような保護者の気持ちを活かすためにも，学校長のリーダーシップがたいへん重要になります。

(1) 苦情を言う保護者の分類と対応

学校に対して理不尽な要求をする保護者を，日本ではモンスターペアレント，アメリカではヘリコプターペアレントと呼ぶ場合があることをご存知でしょう（この呼び方には保護者と学校の対立を煽るという批判もありますので，ご注意ください）。

近年，保護者対応の研究が，教育委員会や研究者の間で進んできました（小野田，2012；佐藤，2012）。一部の教育委員会は保護者対応支援チームをつくり，学校を支援しています。京都市教育委員会では，法律，医学，臨床心理などの外部の専門家も含めた「京都市学校問題解決支援チーム」をつくり，対応をしています（京都市教育委員会，n.d.）。2011（平成23）年度には，京都市の31校（11.4%）の学校が支援を受けました。

佐藤は，保護者の問題を「正当型」「学校依存型」「イチャモン型」「わが子中心型」の四つにわけて対応を示しています（佐藤，2012）。「正当型」とは，子どもが学校から不当に攻撃されており，親の要求が正当である事例（94.1%）です。「学校依存型」とは，親が本来家庭ですべき役割を学校に要求するという事例（14.8%）です。「イチャモン型」とは，不当なクラス替えの要求など妥当ではない事例（9.9%）です。「わが子中心型」とは，わが子かわいさのあまり，予算や物理的な問題から解決が難しい要求をしてくる事例（21.6%）です。

保護者への具体的対応として小野田は，「膝をつきあわせる」ことの大切さを挙げています（小野田，2012）。例えば「それでは，会ってお話を聞かせてください」と言うと，電話口で途端に相手のトーンが下がるそうです。さらに，問題が起きたときに「もっとも困難な道を選

び対応する」と述べています。その理由は，結果を急ぐと人の心を無視することも出てきて，さらに大きな問題になるからということだと思います。また，弁護士の入澤は，「担任を変えろ」，「レギュラーにしろ」などことの本質をふまえない理不尽な要求に対して，校長は，「丁寧に聞き毅然とした対応」を心掛けるべきであると指摘しています（入澤, 2012）。若い教師は，経験豊かな管理職から，さまざまな保護者への対応を学ぶ必要があります。人間関係は理論ばかりでなく，経験も必要です。

08-03　復習

(1) 保護者への対応の実際

事例2について，保護者・担任・教育相談担当教師・管理職（校長・教務主任・教頭）役を決めてロールプレイしてください。

【事例2】
学校の援助体制：スクール・カウンセラー配置校（月1回来校），教育相談担当教師（経験3年目，学校教育臨床系大学院長期研修終了者），養護教諭（初任者）
主訴（担任より）：遊び型不登校
1. 対象生徒：高校3年生（A子），腎臓病有り。
2. 家族構成：母（40代・スナックを一人で経営），長男（20代），長女（20代），A子。A子が小さいころ両親が離婚している。
3. 担任：40代男性。教育相談担当教師は「A子は母親の異性関係に悩んでいる」と，A子の母親への嫌悪の感情を交えて担任から報告を受ける。A子の卒業を控え，担任も自分勝手な母親に怒りの感情をもつ。担任は，A子をなんとか学校にもどしたいと思っている。
4. 母親の様子　気が強そうで，派手な服装。母親は，A子と話ができないでいる。
5. 面接の経緯　5月，中間考査無断欠席。授業も欠席時間が多いため，学校側が母親に来校の依頼をした。担任の案内で母親は校長室で，管理職（校長・教務主任・教頭）から，このまま欠席が続くと進学が困難であることの説明を受ける。その後，担任が母親を相談室に連れて行き，1回目の面接となった。

1回目
5月　保護者面接（担任・教育相談担当教師の3者）
担任「中間テストを受けなかったことは，勉強をがんばれば取り返しがつきますが，欠席が多いと手を打つことができず留年になる。できるだけ休まないように」
母「テストを受けなかったことは注意しました。でも，A子は私の話を全然聞きません。腎臓が悪いのに，飲酒をし夜遊びをしています。娘のことはどうしようもない。なにか言いたいことがあるんですか」
教育相談担当教師「………」

❖復習問題
①母親・担任・管理職・教育相談担当教師の気持ちを話し合ってください。
②あなたが教育相談担当教師ならば，なんといいますか。
③事例の続きを読んで，保護者対応の注意点を挙げてください。

【事例2のその後】
教育相談担当教師「A子さんは，先日クラスの生徒が置いて忘れていたゴミを，気がつかないうちに片付けてくれました。今どきめずらしい正義感のある娘さんですね」（学校でのよいところを話す）
母「娘は良い悪いがはっきりしていて，非常に潔癖なところがあります。私の異性関係のことで，娘は私を恨んでいます」（母親はA子の問題行動の中核と思われる葛藤を話す）
教育相談担当教師「40代の女性の気持ちもわかります。しかし，A子さんはまだお母さんの女の面をみることができないのですね」（母親の気持ちを受容する）
母「難しい年頃ですので仕方がないのですが，毎日けんかです。A子が小さい頃に夫と離婚しました。夫婦でよくケンカしました。長男長女は別れた方がよいと言ってくれました。A子はまだ小さくていきさつを知りません。A子は父親のことをよく聞きます。父親に会いたがっているかもしれません。A子は父親的な人にあこがれているようです。校門指導で年配男性教師M先生に注意を受けなかったりすると，『見捨てられたかな』と言います」（母親は，A子の父親へのあこがれを推測する）
教育相談担当教師「A子とお父さんが会うことはまずいですか」（A子の問題行動の中核となっている葛藤を解決するための提案をする）
母「いいえ，私はかまいません」
教育相談担当教師「A子はお母さんに遠慮しているかもしれません」
母「A子は兄姉のなかでとても不幸だと思っています。自分だけが父親を知らないから。もっとかわいがられていいのにと思っています。長女はモデルの仕事をしています。A子はひがんでいます。どうしようもなくて娘を捨てようと思ったことも何回もあります」
教育相談担当教師「女手ひとつで頑張ってこられたんですね」（労をねぎらう）

2回目11月，3回目1月，A子と父親との交流が始まる。出席状況は改善されない。
4回目3月，正式に退学届を提出する。2者面接（教育相談担当教師と母親）
母親は，A子が父親に同居を申し出たが断られたこと，腎臓病のA子が自分自身の体を気遣い，夜遊びや飲酒もしないようになったこと，昼ごはんを母子で一緒に食べること，A子が職場でかわいがられていることなどを説明した。そして，「これからは何年かかってもいいから子供中心の生活をしようと決意しました」と述べた（石川，1999）。

(2) 保護者面接のねらいと注意点

①保護者面接のねらい

　保護者面接のねらいについて，考えてみましょう。学校には，学校のルールを伝える管理的な立場の人も必要です。また担任には，親ではないけれど生徒を何とかしたいという，親のような思いがあります。場合によってはこの担任のように，保護者に否定的な感情をもつこともあります。大切なことは，保護者を児童生徒の援助チームの一員にすることです。

　事例1では，教師が生徒の体を心配する絵はがきを出すと，初めて「学校から孫に絵はがきが来ましたが，どなたですか」と電話がかかってきました。家庭での子どもの援助主体者は，保護者です。養育機能がある方ならば家庭と学校でよいチームができ，児童生徒をよい方向に導くことができます。

　事例2では，教育相談担当教師はA子と会っていません。母親の話を聞くだけでしたが，A子は病気の体を自ら気遣うようになりました。また，母親とA子は話せるようになりました。面接によって，母親の養育機能を高めたのです。

②保護者を援助チームの一員にするための注意点

では、保護者を援助チームの一員にするための注意点を考えてみましょう。保護者面接の具体的な注意点を挙げます。保護者と教師が児童生徒の問題に向き合うために、余分なトラブルを防がなくてはなりません。

まず気をつけなければならないのは、(1)「相手の生き方を尊重し、そのうえで、子育ての話をする」ことです。この事例の場合は「お忙しいところお手数かけます」と保護者に労をねぎらう言葉を投げかけています。

それから、(1)に関連しますが、(2)「責めない」ことです。とくに学校からの呼び出しの場合、保護者の多くはすでに問題に気がついています。改めて傷口に塩を塗ることは、話を子どもから遠ざけてしまいます。

次に(3)「親のつらさを共感する」ことです。現代の親が孤立していることをすでに説明しました。困難をかかえた保護者ほど理解者を求めています。「子育てが大変な時代になりました」「本日は緊張されましたか」などといった言葉を教育相談担当教師は投げかけています。不要なトラブルをさけ、子どもの話題に目を向けるようにします。

また一番効果的なことは、(4)「子どもの良さを伝える」ことです。保護者面接の主題は保護者の生き方ではなく、子どもについてです。子どもの良さを伝えることで、話題がそちらに行きチームを形成しやすくなります。学校という集団生活のなかの子どもの姿を知っているのは教師だけです。そしてそれは、もっとも保護者が知りたがっていることです。親は、自分の子どもが学校でどのような存在であるか知りたいと考えているのです。親と教師が、児童生徒について共通理解を深めることが大切だと思います。学校生活での子どもの姿を知り、良い面を伝えることは、担任だからこそできることです。

さらに、(5)「最初に時間・場所まで明確にする」ことも必要です。保護者会で「何時間もしゃべられて困った」という教師がいます。例えばカウンセラーは、「心理的な課題を扱う難しさがあるがゆえに、行動が定められています。仕事場や自宅の電話番号まで教える学校風土の中で、教師が大変な対応をせざるをえないことにすごく驚きました」と述べています（文部科学省, 2011a）。このように、心理の専門家は、枠という表現で、時間・場所まで、意識して理論化しています。つまり、時間・場所にも気をつけ、面接回数ごとに変化を見て対応の参考にしています。また、枠に守られながら、クライエントの内的成熟を目指します。1週間に1度、2週間に1度と面接日をクライエントと決めます。その理由は、決めることにより、クライエントの自我を強くする働きがあるからです。

あまり受容的に話を聞きすぎてしまうと、場合によっては退行も促す場合があるので注意が必要です。クライエントは待つことを通して、自我を強くするのです。後何日したら「話を聞いてもらえる」という感覚を身につけるのです。したがって、時間について、「緊急事態以外は……」「学校で決まっていることで……」と、教師側から枠を提示することも重要です。保護者をやきもきさせないためにも、現実原則（☞39頁）を提示する必要があります。

場所についても，どの場所で話せば，もっともよいかといったことを考えるだけでなく，座る位置についても考えてみましょう。担任は，管理職のそばよりも，保護者のそばの方がよいのではないでしょうか。このような(1)～(5)の過程を通して保護者に子どもにかかわる問題点を見つめてもらい，養育機能を高めるのです。ユングの言葉で言えば，父性的指導と，母性的援助をチームで担うのです。

　この事例1・2のように，学校教育には管理的な機能，受容的な機能などが必要です。そのために，いろいろな人材がいます。担任の他，副担，養護教諭，学年主任，スクール・カウンセラー，教育相談担当教師，生徒指導部などとチームを組むことによって，児童生徒の育ちに必要な機能を補うことができるでしょう。またチームを組むことにより，教師にも安心感がうまれます。

　カウンセラー（心理職）は，面接のときお茶を出すことはありません。しかし，場合によっては，お茶を出すこともよい方法だと思います。筆者はお茶を出していました。自分もお茶を飲むことによって，緊張をほぐそうとしたからです。

【引用・参考文献】

石川美智子（1999）．怠学傾向のA子の保護者面接　月刊生徒指導1999増刊　学事出版
入澤 充（2012）．法律の立場から　佐藤晴雄［編］保護者対応で困ったときに開く本　教育開発研究会
小野田正利（2012）．保護者クレーム対応の基本　佐藤晴雄［編］保護者対応で困ったときに開く本　教育開発研究会
子どもの貧困白書編集委員会［編］（2009）．子どもの貧困白書　明石書店
京都市教育委員会 (n. d.)〈http://www.city.kyoto.lg.jp/kyoiku/category/179-8-2-0-0-0-0-0-0.html (2015年4月14日確認)〉
厚生労働省（2014）．ひとり親家庭の支援について
佐藤晴雄（2012）．保護者対応で困ったときに開く本　教育開発研究会
服部祥子・原田正文［編著］（1991）．乳幼児の心身発達と環境―「大阪レポート」と精神医学的視点．名古屋大学出版会
原田正文（2006）．子育ての変貌と次世代育成支援―兵庫レポートにみる子育て現場と子どもの虐待の予防　名古屋大学出版会
住田正樹・岡崎友典［主任講師］（2011）．児童生徒指導の理論と実践（2011録画）放送大学
文部科学省（2009）．学校及び教員をとりまく状況に関する参考資料
文部科学省（2011a）．教職員のメンタルヘルス対策検討会議（第1回）議事要旨
文部科学省（2011b）．平成22年度　全国学力・学習状況調査
文部科学省（2013）．教職員のメンタルヘルス対策について（最終まとめ）

09 発達障がい

❖本時のねらい
1 発達障がいの対応について考える。
2 発達障がいと二次障がいを考える。

❖導入問題

❶下記の事例を読んで，困難をかかえている生徒のアセスメント（学習面，心理・社会面，進路面，健康面）と援助方針を話し合ってください。
❷あなたが担任ならば具体的にどうするか話し合いましょう。

【事　例】
対象生徒：中学2年生（A男）。乳幼児健診において，医師より，言語の遅れに伴い何らかの診断を受けていたが，詳細不明であった。保育園では，支援保育士がA男についた。なんらかの診断を受けたことは，A男も理解していた。
家族構成：父（40代），母（40代），A男，妹（中学1年生）
問題の概要：いじめられた経験・不登校
状　態：幼い頃から「障がい者」扱いされ，からかわれることが多く，とくに小学校6年生のときにひどいいじめにあっている。中学校2年生になり，クラスに小6のときにいじめをした生徒がおり，登校を拒否した。成績は，国語の文章理解以外はトップであった。身ぶりや表情・しゃべり方に硬さがあった。
援助までの経過：X年4月9日，A男は始業30分前に職員室に一人で来て，硬い表情としゃべり方で「日直ですが，何をしたらいいですか」と，質問した。4月11日よりA男は学校を欠席した。担任が家庭訪問をしたときに，A男は小学時代のいじめられ経験や，いじめた生徒がクラスにいたことを話した。とくに，小学校6年生のいじめはひどかったことを話した。さらに，「学校という名のつくところに通うつもりはない」と，強い決意を話した。
校内援助体制：特別支援委員会（随時開催，メンバーは管理職，学年主任，特別支援教育コーディネーター，養護教諭），特別支援教育コーディネーター（相談経験3年，大学院で1年学校教育臨床の研修経験有り。教育相談担当教師と兼務である），スクール・カウンセラーの配置無し
A男のアセスメント：成績の特徴や言葉や身ぶりの特徴から，自閉症スペクトラム障害が疑われた。この障がい特有の硬さのためにクラスメートとの関係がうまくいかず，いじめを受けたことによる二次的障がいとして不登校になったと考えられる。

09-01　特別なニーズ教育における世界と日本の動向

(1) インクルージョンへの歩み

　本章では，発達障がいの児童生徒への指導についての方法を中心に説明しますが，みなさんは，できるだけ視野を広げ，多様な児童生徒がそれぞれ居心地よく学習できる授業や学級づくりという捉え方で考えてください。

　1994年にスペインのサラマンカで，「特別なニーズ教育に関する原則」として，「サラマンカ宣言」が採択されました。そのなかでインクルージョン（inclusion：包括または統合）を原則とする「万人のための学校」という言葉が強調されました。つまり，発達障がいだけでなく，経済的な困難，両親と母国語が異なる子どもなど，すべての人を含んだ学習支援を行っていくということです。その流れを受けUNESCO，OECD，WHOを中心に，近年，世界中で特別なニーズ教育（Special Needs Education）と呼ばれる困難をかかえた子どもへの援助が行われ，個別の特別なニーズをもった教育の実態をまとめながら目標達成を目指しています。

　日本においても，インクルージョンに向け，特別支援教育が学校教育法に位置づけられ，すべての学校において障がいのある幼児児童生徒の支援を充実させていくことになりました（文部科学省，2007）。さらに，知的障がいのある小中学生向けの「富屋特別支援学校鹿沼分校」が鹿沼市立西中学校の敷地内に開校され，高校においても愛知県立桃陵高等学校と半田特別支援学校分校の併設など，全国的に少しずつインクルージョンへの歩みが行われています。

(2) 特別なニーズ教育における児童生徒のアセスメント

　現在，インクルージョン教育の進展によって，障がいの有無に関係なく，すべての子どもにとって，過ごしやすい環境設定や学びやすい授業を行う方法が注目されています。学びにくさを最小限にし，多様な学びを保証することは，すべての児童生徒にとって有益ですが，その実施には，複数の教師および教師以外の専門家による児童生徒アセスメント（☞3章）が必要です。

　ノートをとらない児童生徒や漢字が読めない児童生徒，物が片づけられない児童生徒などの問題が，個別の問題なのかすべての授業でもそうなのか，理解する必要があります。そのうえで個別に，どのような認知や行動をしているのか理解して対応します。注意維持・学習達成・対人適応などの支援ニーズにも注意を払い，詳細な実態把握を行います。さらに，得意な部分と苦手な部分を見極め，どういう方法でどういう力を伸ばすかについての目標を設定します。

09-02 発達障がいと二次障がい

(1) 発達障がい

　発達障がいは，先天的な要因によって乳幼児期にかけてその特性が現れ始め，一部の発達が遅れます。図9-1に発達障がいの特徴を示しました。縦軸が認知の発達，横軸が関係性（社会性），斜めの軸はそれ以外の発達を示します。自閉症スペクトラム障害（ASD：Autistic Spectrum Disorder），注意欠陥多動性障害（ADHD：Attention Deficit／Hyperactivity Disorder）の他に，学習障害（LD：Learning Disorders, Learning Disabilities），運動能力障害（MD：Motor Disorders），コミュニケーション障害（CD：Communication Disorders）などがあります。自閉症スペクトラム障害には，人との関係を築くことが難しい特徴があります。慣例的に，知的障がいを伴わない自閉性障がいを高機能自閉症と呼んでいます。学習障害には，読むことまたは書くことが難しいという特徴があります。

①ノーマル

②精神遅滞（知的障がい）（MR）

自閉症スペクトラム障害／自閉スペクトラム症③④
（DSM-Ⅴより）
③自閉症（遅滞群）
④高機能自閉症

⑤天才

学習障害（LD）
（読字障害・書字表出障害・計算障害）

コミュニケーション障害（CD）

注意欠陥多動性障害（ADHD）
（不注意優性型・多動－衝動性優性型・混合型）

運動能力障害（MD）

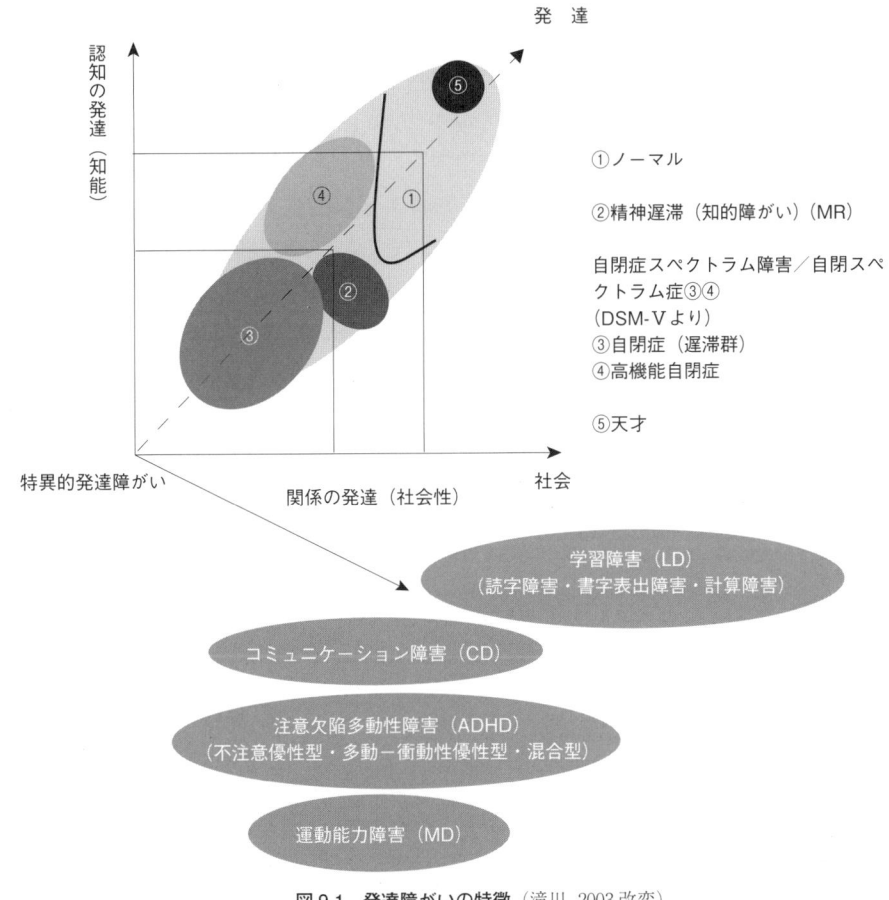

図9-1　発達障がいの特徴（滝川, 2003 改変）

知的障がいが伴わなくても，重篤な困難をもった児童生徒もいます。2007（平成19）年度に文部科学省より，「軽度発達障がい」という言葉を使わないようにすることが通知されました。「軽度」という言葉が，障がいが少ないという意味に思われて混乱がおきるためです。

(2) 発達障がいによる二次障がい

①発達障がいがある児童生徒の実態

　武井は，市立旭川病院来院の児童思春期患者879名の内，不登校の1/4が高機能発達障がいだったと報告しています（武井, 2009）。また，高機能自閉症と診断されなかった群と比較して，高機能発達障がい群には「いじめられ経験」が高い率で認められました。さらに「母子家庭」，「虐待」，「生活保護受給」といった家庭の負荷も高い率で認められました。高機能発達障がいの初診年齢は8〜17歳で中学生がもっとも多く，専門家による支援が遅れるということもわかりました。

　松浦と橋本は，少年院に在院する16歳9カ月〜20歳の少年185名の8割強に，発達障がい特性の疑いが認められたと報告しています。さらに，一般公立高校生99名と比較し，「アルコール依存症や薬物乱用者が家族にいた」「家族に服役中の人がいた」「両親がいない。またはどちらかがいない」といった家族機能崩壊率も有意に高かったと述べています（松浦・橋本, 2007）。

②不適応と二次障がい

　発達障がいがある子どもたちは，どうしてこのような困難をかかえるのでしょうか。発達障がいの児童生徒は，見えない障がいのゆえに，その特徴を周囲から理解されず，不適応な状態になっていきます。例えば，最初に挙げた事例でも，IQが非常に高いにもかかわらず，硬い表情としゃべり方などから，クラスメートなど周囲の発達障がいへの理解不足による否定的な評価や叱責などにより，否定的な自己イメージをもち，自尊心が低下していました。発達障がいがある子どもたちは，結果として，情緒の不安定や反抗的な行動など，深刻な不適応の状態に陥ることが少なくありません。これが，発達障がいによる二次障がいといわれるものです。

09-03　発達障がいと支援

(1) 発達障がいの発生率

　2006年に5歳児健診を基盤として，発達障がい発生頻度を小児科医が疫学調査しましたが，その結果，鳥取県の5歳児健診（1015名）では，軽度発達障がい児の出現頻度は9.3％，栃木県の5歳児健診（1056名）でも8.2％という出現頻度でした。また，こうした子どもたちの半数以上が，3歳児健診では発達上の問題をなんら指摘されていませんでした（厚生労働省, 2006）。

また2012（平成24）年に実施した文部科学省「通常の学級における発達障がいの可能性のある特別な教育的支援を必要とする児童生徒に関する調査」では，学習面または行動面において著しい困難を示す児童生徒の割合は6.5%程度であるという報告をしています。

小中学校の教師ならば，知的障がい（軽度精神遅滞（MR））のある児童生徒も指導しますから，特別なニーズ教育は日常指導の範囲といえます。通級の先生や特別支援の先生だけにかかわるものではないことを意識しておきましょう。

(2) チーム援助と専門機関

診断と告知は医療行為なので，医師にしかできません。児童精神科医は発達障がいを診断する診断の専門家です。また臨床心理士は，その診断の基になる心理検査や知能検査と心理的ケアの専門家です。そして，教師は，学習支援の専門家です。したがって，発達障がいがある児童生徒の支援には，教師も含め，多様な専門家とチームを組むことが必要です。

児童精神科医の人数を日本児童青年精神学会より推定すると，2014年現在，1000名程度になりますが，これを発達障がいの診断を行う専門医の数だと考えれば非常に少ないように思われます。厚生労働省は，2008年に遅まきながら，児童精神科という名称の標榜を認めました。また，発達障害者支援法（2005）の施行に伴い，発達障がいを支援するための発達障害者支援センターなどの施設も充実しつつあります。そして，各学校に特別支援教育コーディネーターの設置が義務づけられました。

学校における特別支援教育の推進のため，おもに，校内委員会や校内研修の企画と運営，関係諸機関や学校との連絡と調整，保護者からの相談窓口などの役割を担う人として特別支援教育コーディネーターと呼ばれる人たちがいます。校内外の専門家によるチーム援助の促進者といえるでしょう。特別支援教育コーディネーターに相談しながら，チームを組むことが重要です。

(3) 早期発見の重要性

発達障がいによって二次障がいなどが起こるリスクを考えると，早期発見が重要です。先述の事例では，おそらく3歳児検診で発見されているようですが，なぜ小学校時代に困難が大きくなったのでしょうか。それは，福祉（保育園）から教育（小学校）にかわり，管轄が厚生労働省から文部科学省へと移ることによって，支援がなくなったためではないかと考えられます。これは，縦割り行政の弊害とも考えられます。こうした状況に対応するために教師も一定の知識をもち，児童生徒一人ひとりの教育的ニーズを把握することが必要です。

(4) 発達障がいと校種別支援

小中高校の，各年代で発達障がいがある児童生徒が，どのような課題に直面するのか見てみたいと思います。

図9-2 特別支援教育開発リーフレット（通常学級と特別支援学級・通級指導教室・特別支援学校との関係）
（愛知県教育委員会, 2009）

　図9-2に通常学級と特別支援学級，通級指導教室，特別支援学校との関係を示しました（愛知県教育委員会, 2009）。小中高校には，特別支援学校と通常学校があります。通常学校には，通級指導教室と特別支援学級があります。通級指導教室で発達障がいの児童生徒も支援を受けることができます。

　小学校では，幼児に比べ集団生活が広がるため，友だちとのトラブルが目立ちます。事例で挙げたA男は，知能が高かったため通常学校の小中学校に通うことになり，発達障がいによる二次障がいになりました。一般的に小学校3年生ぐらいから学習内容が難しくなり，学習の遅れが目立つようになります。二次障がいを防ぐには，学校生活のなかで成功体験が得られるような配慮が重要です。そのためには，個別支援も必要になり，学校全体での対応が求められるのです。

　また「特別支援教育支援員」を依頼して，支援を行うことは，本人にとっても，学級にとってもよいでしょう。「特別支援教育支援員」とは，小・中学校において障がいのある児童生徒に対し食事，排泄，教室の移動補助など学校における日常生活動作の介助を行い，発達障がいの児童生徒に対し学習活動上のサポートをする人で，学校から教育委員会に申請します。「特別支援教育支援員」による支援については，国によって財政措置が行われています。

　中学校では，通級指導教室の減少のため，支援がとどこおる傾向にあります。さらに，教科担任制になるため，学校全体での対応が重要です。また，この時期は，異性関係やインターネット，ゲームなどへの興味が高まるため支援についても，そういった時期だという注意が必要になります。

　高校は義務教育ではないため，成績や出席の状況によっては原級留置（いわゆる留年）や退

学などの問題が出てきます。さらに，中学・高校では，集団生活のなかで人との違いに気がつくため，本当の意味での本人による「障がいの受容」のための支援が必要になります。

発達障がいの支援も，医療・心理・教育などの専門家による総合的な支援が求められます。

(5) ユニバーサルな学級づくりと発達障がいの支援

発達障がいがある人は，LD，ADHD，MRが混在している場合が少なくありません。一人ひとりの症状や診断が異なるということです。また，発達障がいの人は得意不得意がはっきりしています。整理整頓ができない，人の気持ちが読み取れない，読む書く計算といった特定の能力だけ伸びにくいといった「苦手なこと」を克服するための指導をしたらよいか，得意なところを伸ばすのみがよいか，教師として悩むところです。

「障がいだから治らない」という決めつけをしてしまうと，児童生徒の適応範囲を狭めてしまいます。教師が，その児童生徒の障がいを認めることは必要ですが，きちんとその児童生徒と向き合い社会常識を伝えることも重要です。つまり教師として「きちんと教えること」「きちんと受け止めてあげること」を忘れてはいけません。

(6) パニック・新しい環境への援助

発達障がいの児童生徒は，新しい環境に慣れるのに時間がかかることがあります。場合によっては，パニックを起こすこともあります。その対応には，学校に児童生徒が落ち着くための個室を用意しておき，教師は「落ち着くまでお部屋に」と指導するといいでしょう。周囲の人は，静かに見守ってあげてください。このような指導は，学校組織としての対応となります。

特別なニーズ教育が進んだ欧米諸国では，スクール・サイコロジスト（学校における精神科医），スクール・ソーシャルワーカー（学校における福祉支援を組み立てる者），スクール・カウンセラー（生活指導や進路指導など生活の援助を行う者）が配置されており，アセスメントを参考にして，教師と保護者，校長と一緒に個別支援計画を検討します。

残念ながら日本の学校では，教師以外の専門家は非常に少ない状況です。したがって，困難をかかえた児童生徒の援助は，校外専門家とチームを組むことが必要になります。校外専門機関一覧表を資料14-1（☞137頁：『生徒指導提要』：124-125）に示しました。

教師は，困難をかかえた児童生徒をイメージして，どのような工夫をしたらよいか，項目ごとに一覧にすることが大切です。何年かするとパッと頭のなかでひらめき，自然に工夫できるようになると思います。結果として，障がいの有無にかかわらず，どのような児童生徒にとっても，学びやすい居心地のよい学級になるよう，完璧でなくてもよいので，できることから始めてみましょう。

09-04 復習

【事例のその後】

援助方針として，A男についての情報を得るために母親面接を行った。また，小学校側からも情報を得ることを当面の課題とした。障がいへの対応も考え，いじめられ経験やかたくなに登校を拒否する様子から，専門家による長期的な援助が必要だと思われた。

担任は，A男の件を管理職に報告し特別支援教育コーディネーターに相談することにした。さらに担任と特別支援教育コーディネーターは，A男と家族と，定期的，長期的に継続した関係をもつことを目標とした。担任と特別支援教育コーディネーターは，告知の判断も含め，特別支援学級の経験をしたことがあるカウンセラーにつなげることも目標とした。

援助方針と援助過程は，随時，特別支援教育コーディネーターが管理職に報告，担任が学年主任に報告すると決めた。特別支援教育委員会は，必要ならば管理職が開催すると決めた。紙面上ここでは，特別支援教育委員会などは記載せず，担任と特別支援教育コーディネーターのやりとりのみ記載する。

X年5月，担任は家庭訪問を行い，母親とA男に特別支援教育コーディネーターを紹介すると，その場で支援を了解した。それを受けて，特別支援教育コーディネーターによるA男への直接援助が始まった。A男は小学校時代のいじめられ経験を話した。幼い頃から障がいのことでからかわれてきたこと，小学校の修学旅行の際，夜中にクラスメートから何回もプロレス技をかけられたこと，その後保健室登校をしたこと，このまま学校に通わずに家にいたい気持ちもあると述べた。特別支援教育コーディネーターは，長所を活かす工夫で生活しやすくなる可能性があることを伝えた。校外のカウンセラーを紹介することも提案した。

しかし，A男は「将来大学に進学する希望はなく，このまま家にいる」と発言した。特別支援教育コーディネーターは「カウンセラーはA男君の立場に立って一緒に考えてくれる人。A男君が困っていることやおかしいなと思ったことを一緒に考えてくれる人」と説明した。A男はとまどっていた様子であったが，両親はカウンセラーに会うことをA男に勧めた。その後特別支援教育コーディネーターは，大学カウンセラーへ連携の承諾を得ていることを含む紹介状を書き，大学でのA男の相談活動が始まる。

X年7月，カウンセラーより特別支援教育コーディネーターへの電話で，A男が父親や同級生に理解されないことに関連して，医師への相談を勧め，承諾を得たことが報告された。

X年9月，医師から，手紙で，自閉症スペクトラム障害の診断を告知し，病院においては月1回通院し，社会性を身につけることを目的とした面接を行うことになったなどの報告と協力依頼が来た。特別支援教育コーディネーターは，A男は当面学校生活を考えていないが，父親は努力すれば困難を克服できると思っている様子であるため，登校刺激のタイミングを教えてほしいと医師に依頼した。また，特別支援教育コーディネーターは医師とカウンセラーに，A男へ絵はがきを書くことで，関係を維持することを報告した。その後カウンセラーは，A男に「誤解されていたことは，君の努力不足ではなかったんだね」といい，A男は「大丈夫です」と答えるなど，告知受容の援助をしていることを特別支援教育コーディネーターに報告した。3者の役割分担が確認された。

X+1年1月，医師より，特別支援教育コーディネーターへの電話で「A男に登校の意欲が出てきた。A男が希望している特別支援学校ではA男の学力が高すぎる」と報告された。担任は家庭訪問を実施した。担任とA男は，中学3年生の新しいクラスでの復学を目指すことを目標にした。その間担任は家庭訪問を継続して行い，学習の援助をした。A男から特別支援教育コーディネーターに絵はがきのお礼と，返事が遅くなったことのお詫びなどの手紙が来た。3月にはA男と両親がお礼のため来校した。父親は「もっと早く専門医にかかればよかった」，A男は「カウンセラーはとてもよかった」とふりかえって述べた。担任は「学習面で指摘したところは，必ず直され，よくなっている。会っていて楽しい」と述べた。A男は，中学3年生4月より教室に復帰した。

X+1年9月，新しいクラスにも慣れ，カウンセラーの面接は終了した（事例については，石川（2015）を改変）。

❖復習問題
①発達障がいの診断，検査・心理的援助，学習援助はそれぞれどのような職業の人が適していますか。
②教師として発達障がいによる二次障がいを予防するためには，どのような工夫が必要か話し合ってください。

【引用・参考文献】
愛知県教育委員会（2009）．特別支援教育開発リーフレット「一人一人が輝くために」〈http://www.pref.aichi.jp/0000024402.html（2015年4月17日確認）〉
石川美智子（2015）．高校相談活動におけるコーディネーターとしての教師の役割―その可能性と課題　ミネルヴァ書房
厚生労働省（2006）．軽度発達障害児に対する気づきと支援マニュアル
滝川一廣（2003）．「精神発達」とはなにか　そだちの科学1　日本評論社
武井　明（2009）．不登校を呈した高機能広汎性発達障害の臨床的検討　精神医学 51(3), 289-294.
松浦直己・橋本俊顕・十一元三（2007）．少年院在院生における認知的特性の調査　LD研究 16(1), 95-105.
文部科学省（2007）．特別支援教育の推進について（通知）

10 不登校

❖本時のねらい
1 不登校の援助の意義を考える。
2 不登校児童生徒の担任の役割を考える。

❖導入問題
❶不登校になった児童生徒が困ることは何か考えてください。
❷下記の事例を読んで，困難をかかえている児童生徒のアセスメント（学習面，心理・社会面，進路面，健康面）と援助方針を話し合ってください。
❸下記の事例であなたが学年主任だったら，どう対応するか話し合ってください。

【事　例】
校内援助体制：教育相談担当教師（相談経験3年，大学院で1年学校教育臨床の研修経験有り），スクール・カウンセラーの配置無し
対象生徒：小学6年生（A男）
家族構成：父（40代）会社員，母（40代）会社員，長女（中学2年生），A男
問題の概要：万引きとその後の無断欠席（母親より）
状態：小学校中学年までは，比較的聞き分けのよい子どもであった。A男の成績は，普通であった。A男は小学校高学年から心身ともに大きく変化した。小学4年生4月には，とくに問題はみられなかったが，1学期終了後万引きをした。万引きの指導をしても，A男に反省の様子がみられない。学年主任である担任が家庭に協力を求めても，母親は「A男は話もせずに遊びに行ってしまう」と答える。担任は，家庭の養育機能に疑問をもち，今後も同じような問題を起こす可能性があると考える。しかし，担任自身はこれ以上どのように対応したらよいかわからない。

経過
担任は，管理職にA男の状況を説明する。生徒指導委員会（学年主任・管理職・生徒指導部長を含む）では，教育相談担当教師が援助に参加することを決める。A男はだれとも口をきかない状態のため，担任は教育相談担当教師に母親の援助を依頼した。担任は，教育相談担当教師による母親面接を通して，家庭の状況把握と養育機能の改善が行われることを願った。教育相談担当教師は，母親からA男が生まれたときからの家庭内離婚の問題を聞き，長期的な援助が必要と考え，校外専門機関を紹介する。しかし，母親はA男の問題であると断り，面接は一旦終了する。4年生の担任（学年主任）は進級にあたって，A男の問題行動の予防を考え，他に問題行動をおこす児童がいないと思われるクラスに入れた。
5・6年生のクラスには親しい友人はなかった。学年が進行するにつれて，A男はクラスでも家庭でも孤立していった。そして，何かあれば，学校でも家庭でも暴言を吐くようになった。A男の無断欠席は，4年生0日，5年10日，6年5月時点で15日と，増えて

いった。5・6年は，担任経験の少ない教師が2年続けて担任（以下新担任と記す）であった。新担任は，A男ばかりでなく，クラスの児童にかかわらない雰囲気であった。A男が欠席しても家庭に連絡を入れなかった。A男の暴力を恐れた母親は，欠席についてA男と話すことができずにいた。また母親は，新担任から1年以上欠席などの連絡がないため，新担任に相談しても解決できないと考えた。新担任に不信を感じた母親は，4年生のときに話を聞いてくれた教育相談担当教師を思い出し，連絡した。教育相談担当教師は，担任・学年主任に報告した。援助の方針・援助の過程などは，学年主任が生徒指導委員会に報告することとした。

コラム：チーム援助の必要性と成立条件

不登校などの問題を教師一人だけでは解決できない場合は，どうしたらよいでしょうか。自分に可能な範囲で援助ができればよいのですが，困難さの要因が理解できなかったり，理解できたとしても解決方法が見つからなかったりする場合について考えてみてください。

こういった困難をかかえる児童生徒の援助には，「権限」と「専門性」が必要になります。

「権限」とは，援助方針を実行するための仕事の命令権です。教師の仕事は，自由裁量が多い仕事です。例えば，困難をかかえた児童生徒の援助のために家庭と学校で連携するにあたって，家庭訪問がよいのか，電話がよいのかといった方法は，教師にまかされているところがあります。自由裁量が多いため，場合によってはここで挙げた事例のように対応が手遅れになることもあります。つまり教師の仕事には自由裁量があるため，責任者が援助方針を立て，各教師に実行させるための権限が必要となるのです。

また「専門性」とは，児童生徒の困難についてのアセスメントをして，援助方針を立てるための能力のことを指します。

それでは，効果的なチーム援助を進めるためにはどうしたらよいでしょうか。具体的に説明しましょう。まず権限のある学年主任や管理職に，児童生徒の状況を説明します。そして，管理職も含む不登校委員会などで，学年主任が説明します。不登校委員会は，学校によって週に1回，月に1回，学期に1回というように開催されます。そこで適切な援助方針が決まればよいのです。

また，早期の対応が必要です。校内に専門性の高い教師がいれば，その先生に相談しましょう。スクール・カウンセラーやスクール・ソーシャルワーカー，スクール・サポーターは，援助の専門性が高い人たちです。残念ながらほとんどが非常勤ですので，来校日まで待っていると対応が遅くなる場合があります。また，学校に配置されていない場合もあります。常勤では，一般的に生徒指導主任，養護教諭，教育相談担当教師，学年主任などの専門性が高いはずです。しかし，各自の専門性には差があります。一定の専門性をもった教職員に相談し，チーム会議を開き，援助方針を決めましょう。

10-01　不登校の実態

(1) 不登校の定義

文部科学省は，年間30日以上の長期欠席者のうち，「経済的理由」や「病気」，「その他」

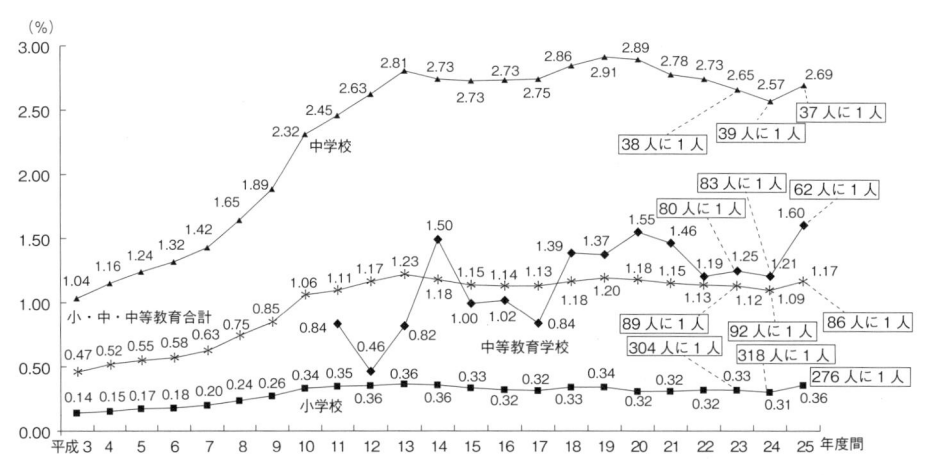

図10-1 全児童生徒数にしめる「不登校の比率」（文部科学省学校基本調査, 2014a）

を理由とした欠席者を除いたものを「不登校」に分類しています（1998年までは50日以上を基準とする調査。1991年から30日以上を基準とする調査を開始しています）。

図10-1に，小中学生の，全児童生徒数にしめる「不登校の比率」を示しました。平成24年度，小学校では318人に1人の割合で不登校がいます。中学校では，39人に1人の割合で不登校がいます（文部科学省, 2014a）。

(2) 不登校のきっかけとその後の苦労

2014年に文部科学省は，不登校生徒に関する追跡調査をまとめました。具体的には，2006（平成18）年度に中学3年生時で不登校であったものを対象に，5年後の調査を行ったものです。前回調査（平成5年度不登校であったもの）と比較したいと思います。図10-2は，学校を休み始めたきっかけについての調査結果になります。平成18年度に不登校だった生徒が挙げた不登校のきっかけの1位は「友人との関係（いやがらせやいじめ）」，2位は2011（平成23）年度の調査項目で新たにいれた「生活のリズムの乱れ（朝起きられないなど）」，3位は「勉強がわからない（授業がおもしろくない，成績がよくない，テストがきらいなど）」，4位は「クラブや部活動の友人・先輩との関係，先輩からのいじめ，他の部員とうまくいかなかったなど」でした。

1位の「友人との関係（いやがらせやいじめ）」および4位の「クラブや部活動の友人・先輩との関係，先輩からのいじめ，他の部員とうまくいかなかったなど」については，集団生活でのつまずきだといえます。そのため，児童生徒が，いじめや集団圧力にどのように対処するかが課題となります。教師は，集団生活のなかで困難をかかえた児童生徒の心の居場所をつくることも重要でしょう。さらに，児童生徒の対人関係の能力を高めるための心理教育も重要となります。

図10-3，図10-4はそれぞれ，受験や仕事の苦労，他人とのかかわりの苦労についての調査

---

1) 図10-2から図10-5内のH18とは平成18年度中学校3年生に在籍し年間30日以上欠席した生徒を指す。また，H5とは平成5年度中学校3年生に在籍し年間30日以上欠席した生徒を指す。

10 不登校

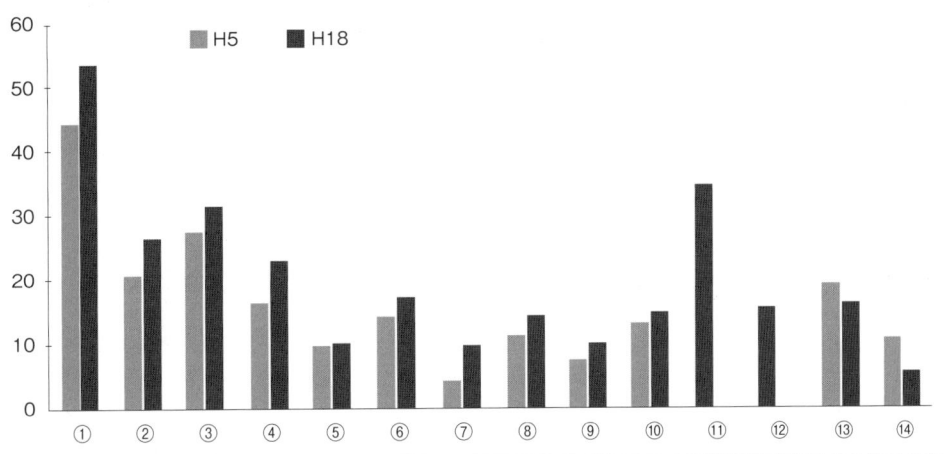

	学校を休み始めたきっかけ	H5	H18
①	友人との関係（いやがらせやいじめ，けんかなど）	44.5	53.7
②	先生との関係（先生がおこる，注意がうるさい，体罰など）	20.8	26.6
③	勉強がわからない（授業がおもしろくない，成績がよくない，テストがきらいなど）	27.6	31.6
④	クラブや部活動の友人・先輩との関係（先輩からのいじめ，他の部員とうまくいかなかったなど）	16.5	23.1
⑤	学校のきまりなどの問題（学校の校則がきびしいなど）	9.8	10.2
⑥	入学，転校，進級して学校や学級になじめなかった（転校，進級したときの不適応など）	14.3	17.3
⑦	家族の生活環境の急激な変化（父親や母親の単身赴任，家族の別居，親の転職や失業など経済的な問題など）	4.3	9.8
⑧	親との関係（親がおこる，親の言葉や態度への反発，親との会話がほとんどないなど）	11.3	14.4
⑨	家族の不和（両親の不和，祖父母と父母の不和など）	7.5	10.1
⑩	病気	13.2	14.9
⑪	生活リズムの乱れ（朝起きられないなど）		34.7
⑫	インターネットやメール，ゲームなどの影響（一度始めると止められない，学校より楽しいなど）		15.6
⑬	その他	19.3	16.3
⑭	とくに思いあたることはない	10.8	5.6

図 10-2　学校を休み始めたきっかけ（文部科学省，2014b）[1]

受験や仕事の苦労	H5	H18
①おおいにあった	19.5	21.3
②少しあった	38.3	30.9
③まったくなかった	40	47.9

図 10-3　受験や仕事の苦労（文部科学省，2014b）

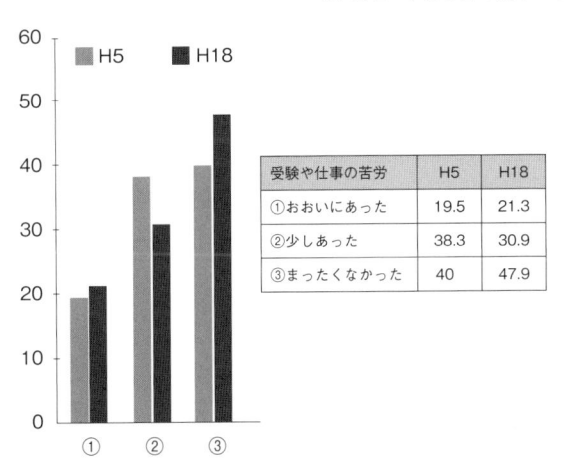

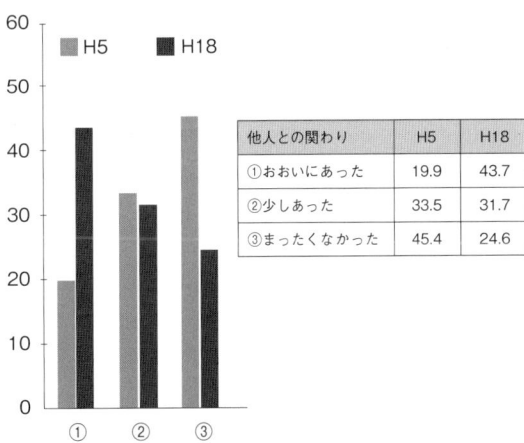

他人との関わり	H5	H18
①おおいにあった	19.9	43.7
②少しあった	33.5	31.7
③まったくなかった	45.4	24.6

図 10-4　他人との関わりの苦労（文部科学省，2014b）

結果です。平成18年度に不登校だった生徒の受験や仕事の苦労の項目では、「おおいにあった」と「少しあった」を合わせると52.2%、他人とのかかわりの苦労の項目では、「おおいにあった」と「少しあった」を合わせると75.4%でした。

このように生徒は、勉強や仕事よりも、人との関係を苦労と感じています。とくに友人関係は、保坂と岡村（1986）、サリヴァン（Sullivan, 1953）が述べているように、親からの自立のためのステップとして重要な役割を果たします。教師は、友人関係におけるつまずきを、自立への道筋として方向づける役割を担っているといえます。

（3）不登校の対応

図10-5は、中学3年のときにほしかった手助けについての調査結果です。平成18年度に不登校だった生徒がほしかった手助けで、1番多かったのが「心の悩みについての相談」、2番目に多かったのが「自分の気持ちをはっきり表現したり、人とうまくつきあったりするための方法についての指導」、3番目に多かったのが「友人と知り合えたり、仲間と過ごせたりする居場所」でした。児童生徒の気持ちを聞くこと、友人関係の援助を行うことは、教師の重要な役割の一つです。本章の最初に紹介した事例の生徒のように、人とのかかわりがなければ大人になるモデルがなく、自立への足がかりをつかむことができません。心理・社会面からの援助を行うには、心理の専門家との協力も必要です。

平成18年度に不登校だった生徒の「学校を休み始めたきっかけ」の2位に「生活のリズムの乱れ（朝起きられないなど）」が挙げられていましたが、この背景には、貧困やインターネッ

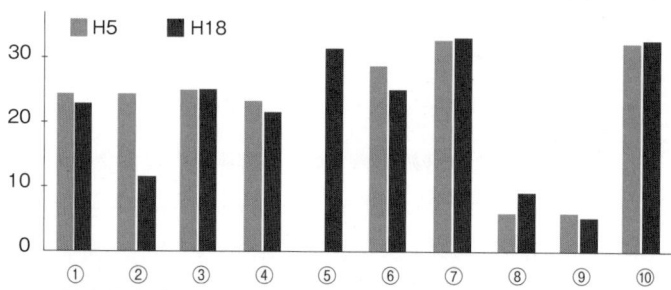

	中3のときにほしかった手助け	H5	H18
①	進学するための相談や手助け	24.5	23
②	仕事につくための相談や手助け	24.5	11.6
③	学校の勉強についての相談や手助け	25.1	25.2
④	将来生きていくためや仕事に役立つ技術や技能の習得についての相談や手助け	23.4	21.7
⑤	自分の気持ちをはっきり表現したり、人とうまくつきあったりするための方法についての指導		31.6
⑥	友人と知り合えたり、仲間と過ごせたりする居場所	28.9	25.2
⑦	心の悩みについての相談	33.3	32.9
⑧	規則正しい生活習慣についての指導	6	9.2
⑨	その他	6	5.3
⑩	とくにない	32.4	32.9

図10-5　中3のときにほしかった手助け（文部科学省, 2014b）

トの普及・ライフスタイルの多様化といった問題があります。このような問題を解決するために，資料14-1（☞137頁）に示したように，いろいろな支援施設があります。この不登校生徒の追跡調査では，不登校生徒を不登校の継続理由から「無気力型」「遊び・非行型」「人間関係型」「複合型」「その他型」の五つに類型化し，今後の対応を検討する予定です。参考にしてください。

　さらに，国は2014（平成26）年度より「家族教育支援におけるアウトリーチ型支援事業」を立ち上げました。これは，教師OB，臨床心理士，社会福祉士，カウンセラー，民生・児童委員，教育支援人材などの専門家による支援チームを組み，家庭訪問などの支援を通して不登校の児童生徒をサポートするという計画です。残念ながら事業を実施している市町村はほんのわずかです。長期化した不登校の問題を，教師だけで解決することは非常に困難ですので，このような校外専門家とチームを組み，援助を行う必要があります。

10-02　不登校の経過と効果的な指導

(1) 不登校初期：早期の対応による予防

　先ほどの不登校生徒の追跡調査から，一旦欠席状態が長期化するとその回復が困難である傾向が示されました（文部科学省, 2014a）。つまり，早期の適切な支援が必要です。図10-6は，一般的な不登校への対応を表したものです。

　学校の欠席が3日ぐらいの段階では，学校に行こうとすると腹痛や身動きがとれないなど，身体症状や精神症状が表れます。無気力型の不登校生徒も，当初は一人でいることが多かったり，ゲームなどに没頭したりします。また，問題行動の初期は表情や遅刻・欠席といったことから，事前に予防的対応が可能です。本田と戸野らは，不登校の対策として教師および児童生徒間のコミュニケーションの質と量を充実させる取り組みを行ったうえで，欠席3日

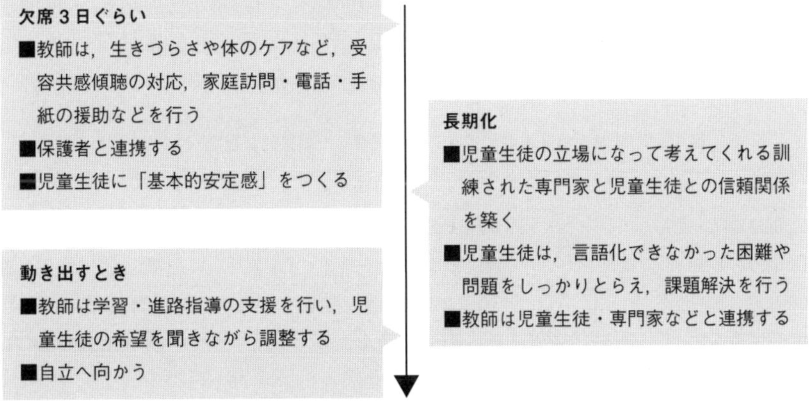

欠席3日ぐらい
- 教師は，生きづらさや体のケアなど，受容共感傾聴の対応，家庭訪問・電話・手紙の援助などを行う
- 保護者と連携する
- 児童生徒に「基本的安定感」をつくる

長期化
- 児童生徒の立場になって考えてくれる訓練された専門家と児童生徒との信頼関係を築く
- 児童生徒は，言語化できなかった困難や問題をしっかりとらえ，課題解決を行う
- 教師は児童生徒・専門家などと連携する

動き出すとき
- 教師は学習・進路指導の支援を行い，児童生徒の希望を聞きながら調整する
- 自立へ向かう

図10-6　一般的な不登校への対応

目までに家庭訪問を実施する対策をとりました（本田・戸野,2005）。改善の目安を1学期欠席10日以上の生徒が，2学期の欠席10日以下になることとしました。不登校の対策を実施しない学校では，改善があった生徒は20%でした。しかし，不登校の対策を実施した学校では，60%の生徒が改善されました。そればかりでなく，児童生徒のクラスへの満足度が増加し，さらに教師の不登校生徒への支援についての困難が減少しています。

　教師は児童生徒の様子が暗い，遅刻欠席が目立つといったことがあれば，児童生徒や保護者に「最近欠席が多いですが，学校で何かありましたか」と，サポートする姿勢でかかわってみましょう。市町村によっては，月の欠席が3日で教師の家庭訪問を義務づけているところもあります。家庭訪問ができなければ，電話による状況把握とサポートでもよいでしょう。また，養護教諭や教科担任・部活の顧問など教師間での情報交換によって児童生徒のくわしい様子が理解できます。家庭での状況など情報の共有をして，早期の段階で学級や友人の環境調整を行うことによって，不登校ばかりでなくいじめや発達障がいによる二次障がいの減少にもつながります。小学生は，環境調整によって登校できるようになることが少なくありません。中学生，高校生に対しても，初期の段階で，家庭をサポートする姿勢でかかわることにより，その後の関係が円滑にいきます。この時期は，生きづらさや体のケアなど，児童生徒に共感したうえでの信頼関係づくりが必要です。まず教師が，子どもを「守る」姿勢，「理解する」姿勢をもち，関係をつくります。

　表10-1は，教師が考えた，不登校の児童生徒が登校できるようになった効果的な指導です。「登校を促す電話や迎え」「家庭訪問で学業・生活面の指導」という指導が，小学校中学校高校と校種を超えて成果をあげています。こういった個別指導が，児童生徒に「（教師に）守られている」という感覚をもたせているのではないでしょうか。

　とくに，教師によるカウンセリング・マインドをもった対応は大切です。カウンセリング・マインドとは和製英語で，カウンセリングの「受容」「傾聴」「共感」「無条件の肯定」といった態度を教師が身につけることです。文部科学省も，教師のもつカウンセリング・マインドの重要性について言及していますが，児童生徒が心理的に不安定な時期に，教師がカウンセリング・マインドをもって対応をすることによって，児童生徒に「基本的な安定感」がうまれます。また，先ほどの不登校生徒の追跡調査から，不登校のきっかけと不登校の継

表10-1　教師が考えた登校できるようになった効果的な指導（文部科学省,2014b）

順	小学校	中学校	高校
1	登校を促す電話・迎え	家庭訪問で学業生活面の指導	登校を促す電話・迎え
2	家庭訪問で学業生活面の指導	登校を促す電話・迎え	家庭訪問で学業生活面の指導
3	保護者に協力を求めた	SCなどの専門家の指導	保護者に協力を求めた
4	不登校の問題について，研修会や事例研究会を通じて全教師の共通理解を図った	保護者に協力を求めた	SCなどの専門家の指導
5	教師の共通理解を図った	保健室等の特別教室	養護教諭が専門的に指導

続理由，中学校3年時にしてほしかった支援と現在必要とする支援との間の関連性は，非常に強いということがわかりました（文部科学省，2014a）。カウンセリング・マインドによって，不登校の児童生徒の言語化が難しいニーズを理解して支援する必要があるのです。

　例えば「家庭訪問」については，筆者は教育相談担当教師で，児童生徒とは人間関係ができていなかったので，事前にはがきを出し，突然の家庭訪問はしませんでした。それは，心理的に混乱しているときは，できるだけソフトランディングが無難であると判断していたためです。たとえ本人に会えなかったとしても，家族に，「学校からのはがき」を児童生徒がゴミ箱に捨てたのか，しっかり読んでいたかを，伺うことも援助の方針の参考になります。これは，経験上，児童生徒が「学校からのはがき」を見て部屋に持って行くようならば，不登校児童生徒とつながる可能性が高かったからです。不登校児童生徒が，「学校からのはがき」を見ずにゴミ箱に捨てるようならば，児童生徒とつながるためによりいっそうの工夫と長期的な見通しが必要となります。

(2) 不登校が長引いている段階

　学校の欠席が長引いている段階では，不登校が長期化しており，教師以外の専門家の介入も必要です。近年は，スクール・カウンセラーをはじめ，資料14-1（☞137頁）のように，あらゆるところに心理の専門家が配置されています。とくに中高校生は，統合失調症や発達障がいの二次障がいの時期ですから，医師や発達支援センターなどにつなぐ場合もあります。

　教師以外の専門家につなぐと，より効果的な援助を行うことができます。児童生徒は，医師，心理士やソーシャルワーカーなどの訓練された専門家とかかわり，「自分の立場になって考えてくれる大人」との信頼関係を築きます。つまり，訓練された専門家によって，児童生徒は，言語化できなかった困難さや問題をしっかり捉え，課題解決の道筋を立てるのです。

　この段階では，教師は，すぐに答えを求めず，焦らないことが大切です。しかし，焦らないことと支援をしないこととは別です。教師以外の専門家と相談し，児童生徒の好きな音楽やマンガなどについての会話や手紙で，児童生徒と関係を継続することも重要です。児童生徒が嫌がらないのであれば，学校の出来事を伝えることも教師の役目です。児童生徒に「担任に見捨てられた」と感じさせない配慮をしたいものです。

(3) 課題解決へ児童生徒が動き出す段階

　長期化した不登校の場合も，教師以外の専門家による援助が行われ，児童生徒が動き出す時期がきます。家の外に積極的に出始め，友人に会うようになります。この時期はピアサポートが効果的です。また，勉強が気になる時期でもあります。先ほどの図10-5を見てください（☞92頁）。平成18年度に不登校だった生徒がほしかった手助けの4位に「学校の勉強についての相談や手助け」，6位に「進学するための相談や手助け」が挙がっています。進級や卒業は，児童生徒の自立のきっかけになりますが，その時期は，教師の学習・進路指導が

必要です。学習・進路指導は，教師の専門分野です。教師の学習・進路指導がきっかけで再登校につながります。

このように教師は，抱え込まず放り出さず，多様な専門家とチームを組みながら援助することが重要です。教師の出番は必ずあります。継続した連携によって，教師は，自分の児童生徒に対して，必要なタイミングで援助できるようにしましょう。

コラム：事例研究方法

教師として児童生徒への援助の力をつけるためには，概念や傾向を知るだけでは不充分です。児童生徒・保護者にどのような言葉をかけたらよいか，学校組織のなかで具体的にどのように動いたらよいか，理解を進めなければなりません。その一つに事例研究があります。臨床心理士は，クライアントの心を事例研究によって教育訓練します。教師は，学校組織の理解が必要です。チーム援助事例研究は，教師の教育訓練の方法になると思います。チーム援助事例研究を通して，学校組織・児童生徒・保護者・教師の理解を進めてください。

事例研究は，1事例につき3時間ぐらいかけます。時間短縮のためや，できるだけ全員が参加できるように，インシデント・プロセス法がうまれました。インシデント・プロセス法は，次の手順を参考にしてください。

インシデント・プロセス法（事例検討の手順）
役割分担：事例提供者，参加者
①事例を提示する（5分）
　事例提供者は，5分程度で発表。参加者は，全体のイメージがつかめるように質問する。批判的にならないように質問する。
②情報収集（10-20分）
　当面何が問題なのか，問題点を探り，絞る。参加者は簡潔に質問する（質問が重ならないように，独占しないように，学年，性別，心理・社会面，学習面などの問題点など。対応については質問しない。個人で対応を考える）。
③グループに分かれて司会・記録者の決定
　支援方法について話し合う。
④グループに分かれて対応策と理由を話し合う
　「私ならこうする」という視点で考える。
⑤グループごとに支援方針を発表する
　事例提供者と参加者はこの事例から何を学んだか討議する。リーダーによるまとめ。
⑥事例提供者・参加者への感謝（ここが一番大切）

10-03 復習

※復習問題
① A男の新担任が5年生の無断欠席初期段階でA男に対応をしていたら，A男の欠席はどうなっていたでしょう。
② 児童生徒が自立するには，どのような危機があり，どのような援助が必要か話し合ってください。
③ あなたがA男の5・6年生のときの担任ならどのような対応をするか，話し合ってください。

【事例のその後】

小学校高学年になると，心理面で青年期の再構築の不安定な時期に入り，心も身体も大きく変化していく。クラスでの孤立をきっかけに，A男は，家庭の不和，学校での不安，成長への不安という現実から，音楽の世界に逃避する。無断欠席を繰り返して，ゲームセンターに入り浸ったり自宅にこもったりした。それまでは母親が気持ちを受け止める役や生活の適応を促す役をこなしていたが，不安定なA男の暴力的な行為により，家庭内の唯一の話し相手である母親を遠ざけてしまう。A男には，両親が不仲のためモデルとなる大人がいなかったのではなかろうか。学年主任や教育相談担当教師がゲームセンターに行き，家庭訪問も行った。また，他のクラスの友人が相談室に来るように誘った。A男は，教師に対して，しだいに家族の様子を話し，自分の感情を言語化するようになった。福島（1995）は，今後の非行問題の傾向として，他者への無関心と自己中心性が育つとしている。A男にとって，他者への無関心と自己中心性からの脱却には人とのかかわりが重要であったといえる。教師集団の，A男の気持ちを受け止める援助により，素直に自分の気持ちが言えるようになった。そのようなA男の変化に伴い，新担任やクラスの生徒にも変化が生じ，A男との関係が作られるようになったのである。新担任は，みんなの前では虚勢をはるA男が，個人的に接すると素直な態度になることに気がつき，授業後の学習指導を行うようになった。無断欠席はなくなり，卒業していった。卒業式の日，母親は，新担任，学年主任，校長らにお礼を言った。校長は，A男の後ろ姿が変わったと感想を述べた（事例については，石川（2015）を改変）。

コラム：不登校と殺人事件

2015年2月川崎市で知人の少年グループに，中学1年生が殺害される事件がおきました。殺害された少年は，不登校だったこと，警察の介入があったが事件を防ぐことができなかったことなど少年犯罪として社会に波紋を広げました。これを受けて，2015年3月文部科学省は，4月の新学期に向けて緊急点検を行いました。病気やけがなどの正当な事由がなく児童生徒が連続して欠席している場合，担任教諭・養護教諭等がチェックをしたうえで，3日を目安に校長等へ報告を行うこととしました。また，正当な事由がなく7日以上連続して欠席し，児童生徒本人の状況の確認ができていない場合は，学校は設置者へ報告を行うこととしました。さらに，スクール・カウンセラー，スクール・ソーシャルワーカー，スクール・サポーターを活用し，必要に応じて児童福祉等の関係部門や警察等の関係機関とも連絡しながら，その所在を明確にし，当人が家庭に戻るよう働き掛ける必要があると示しました（文部科学省，2015）。

【引用・参考文献】

石川美智子（2015）．高校相談活動におけるコーディネーターとしての教師の役割―その可能性と課題　ミネルヴァ書房

保坂　亨・岡村達也（1986）．キャンパス・エンカウンター・グループの発達的・治療的意義の検討　心理臨床学研究 4(1)，15-26.

本田千恵・戸野　香（2005）．生徒指導・教育相談体制の推進の在り方に関する研究Ⅱ―不登校の未然防止・早期対応に向けた意識調査の分析と考察を通して　広島県立教育センター

文部科学省（2014a）．「不登校に関する実態調査」―平成18年度不登校生徒に関する追跡調査報告書

文部科学省（2014b）．平成26年学校基本調査速報

文部科学省（2015）．連続して欠席し連絡が取れない児童生徒や学校外の集団との関わりの中で被害に遭うおそれがある児童生徒の安全の確保に向けた取組について（通知）

Sullivan, H. S. (1953). *Conceptions of modernpsychiatry*, New York: W. W. Norton. (サリヴァン, H. S.／中井久夫・山口　隆 [訳]（1976）．現代精神医学の概念　みすず書房)

［導入問題のヒント］A男のアセスメントと援助方針

　A男の非行の要因の一つに，学校や家庭における人間関係の孤立があった。両親は家庭内離婚状態で，家庭において適切な対応がされていない状態であった。そのために，思春期になり大人になるというモデルが欠如していた。援助方針として，母親面接を通してA男の心理的な安定を図り，相談室をA男の学校での居場所とした。教育相談担当教師の協力のもとに，A男の気持ちを聞きつつA男の人間関係が広がるように援助し，A男の学校生活への適応と卒業を目標とした。また，新担任のチーム援助参加も目標とした。

　援助方針と援助過程は，随時，学年主任が管理職および生徒指導委員会に報告すると決めた。

11 人権問題としてのいじめ

❖本時のねらい
1 いじめは人権問題であることを理解する。
2 いじめの定義といじめ防止対策推進法を知る。
※11, 12章については,読んでいてつらい気持ちになる方もいると思います。その場合は,とばして読んでください。

❖導入問題
●学校には,「児童生徒」が学校生活を安全に送れるようにするための義務(安全配慮義務)があります。そして教師には,安全配慮義務に基づくいじめ対策義務があります。下記は生徒の母親が,学校と担任に対して約4,300万円の損害賠償を求める民事裁判になった事例です。学校に対してどのような判決がくだったか,理由も含めて話し合ってください。

【事例(ストップザいじめナビと熊丸(2014)より)】
いじめを受けて自死した事例である。中学生が1～2年生の半年間に6名のクラスメートからいじめを受け,それが原因で転校し,解離性同一性障害となった。

いじめの内容
裁判所で認定されたいじめは以下の通りである。
「本件6名の行為のうち,靴に画鋲を入れる行為は,被害生徒に対する害悪を示す攻撃的なものであり,被害生徒の授業用具を隠したりする行為は,学校生活の中心である授業を正常に受けることを積極的に妨害する行為であるし,被害生徒が大切にしていたアイドルのポスターを破る行為は,有形力の行使を伴う侵害行為であって乙山中学校で学校生活を送っていた被害生徒に対し,いずれも相当の精神的苦痛を与える,悪質かつ陰湿な行為というべきである。」「シカト(無視)や,『ウザイ』,『キモイ』,『死ね。』などの発言や,机を教室の外に出す行為は,被害生徒に対し,集団内における孤立感を強めさせ,本件クラスという集団からの排除の恐怖を与えるものであるし,『(眉毛が)太すぎなんだよ。』,『毛が濃い。』,『天然パーマ』などという容姿等の中傷や,『臭いから空気の入れ換えをする。』などと言って窓を開ける行為は,容姿や体臭を気にすることの多い思春期の少女の心に深く傷を残すものであって,[…略…]。そして,被害生徒に向けられた『反吐が出る。』との発言に至っては,人格そのものを否定されたに等しい屈辱を与えるものである。」(熊丸,2014)

次の文章は,被害者がいじめを受けてから3年後に書かれた作文(題名「自分との戦い」)である。
「今,私は,自分自身と戦っています。その理由は今から三年前,中学一年生の時に受けた『いじめ』にあります。『いじめ』ほど残酷なものはありません。い

> じめを受けた人は、深い心の傷を負い、いじめを思い出しては、何年も苦しむのです。」
>
> 「いじめを受けた最初の頃のことです。いきなりクラスの仲間からシカトされ、机を教室の外に出されたのです。あげくのはてには大声で悪口。何故、昨日まで仲良くしていた友達がそんな事をするのか…。裏切られた気持ちと自分の身に何が起こっているのかが分からない気持ちでいっぱいになりました。そして、いじめはどんどんエスカレートしていきました。『自分なんていない方が良いんじゃないか』『死んだら楽になるのかな。死にたい……。』こんな事ばかり考え、頭がパンクしそうになりました。私は今日まで生きることができたけど、いじめを受けた人の中には本当に死んでしまう人もいるほどです。いじめがひどくなると、ついには、何も考えられなくなり、心が『麻痺』してしまうからです。全てがどうでもよくなり、自分自身が分からなくなってしまう。私自身も広い宇宙にたった一人自分だけがとり残され、まっ暗やみの中をどこへ行けばいいのか行く先もないまま、ひたすらさまよう、そういう気持ちになりました。」
>
> 「私には目の前で繰り広げられているいじめの現実が到底理解できないまま、どうしようもない絶望感で一杯でした。こんなに悲惨な状況なのに担任は知らんぷり。そんな毎日に耐えられなくなった私はついにその学校を退学したのです。この甲川には中学二年の三学期に転校してきました。最初の頃は、やはり学校が怖くて学校に毎日通うことができませんでした。私は今もなお学校が怖い、人が怖いという気持ちと戦っています。」

11-01 いじめの定義とその実態

(1) いじめの定義の変遷

　本章では、まず、文部科学省におけるいじめの定義の変遷と「いじめ」についての重要な事件について紹介します。1985（昭和60）年に文部省はいじめを定義し初の調査を行いました。その後、学級担任がいじめに関与したこともあって日本で初めていじめ自殺事件に注目が集まった事例として、1986（昭和61）年2月の中野富士見中いじめ自殺事件、別名「葬式ごっこ事件」と呼ばれる事件が起こりました。

　1994年（平成6年）「大河内清輝君事件」では、被害生徒は川で溺れさせられたり、110万円ものお金を校外で脅し取られたりしていました。この年は、いじめが原因で、9人もの児童生徒が自殺し、「いじめ根絶」という言葉が広がりました。同年、文部科学省によって、いじめの再定義が行われました。それまでは、「学校として『いじめ』の事実を確認しているもの」とされていた定義が、「自分より弱い者に対し一方的に行い、相手が深刻な苦痛を感じているもの」とされました。2006（平成18）年度には、女子小学生が遺書でいじめを訴えたにもかかわらず、市教育委員会はいじめに関する記述を隠して発表した「滝川市立江部乙小学校いじめ自殺事件」が話題になりました。また、「新しいいじめ」もうまれました。同年に天理市の中学3年男子生徒2人が、女子生徒に2日間で700回以上中傷メールを送る事件が起こったのです。結果として、県迷惑防止条例で男子生徒たちは捕まりましたが、このような「電子いじめ」についても、2006（平成18）年に文部科学省が新たに定義に加えました。

　下線部が大きく変わったところです。「いじめられた児童生徒の立場にたって行うこと」と「一定の人間関係のある者から」という部分が訂正・加筆されました。「いじめられた児童

> いじめの定義
> (1) ……個々の行為がいじめに当たるか否かの判断は表面的・形式的に行うことなく、<u>いじめられた児童生徒の立場に立って行うものとする。</u>
> (2) 「いじめ」とは、当該児童生徒が一定の人間関係のある者から、
> (3) 心理的・物理的な攻撃を受けたことにより、
> (4) 精神的な苦痛を感じているものとする。
> (5) なお、起こった場所は、学校内外を問わないとする。
> (注1)「いじめられた児童生徒の立場に立って」とは、いじめられたとする児童生徒の気持ちを重視することである。
> (注2)「一定の人間関係のある者」とは、学校の内外を問わず、例えば、同じ学校・学級や部活動の者、当該児童生徒が関わっている仲間や集団(グループ)など、当該児童生徒と何らかの人間関係のある者を指す。
> (注3)「攻撃」とは、「仲間はずれ」や「集団による無視」など直接的にかかわるものではないが、心理的な圧迫などで相手に苦痛を与えるものも含む。
> (注4)「物理的な攻撃」とは、身体的な攻撃のほか、金品をたかられたり、隠されたりすることなどを意味する。
> (注5) けんか等を除く。

生徒の立場に立って行うこと」ということから、いじめかどうかは被害者の主観によって判断されるということがわかります。

(2) いじめ防止対策推進法と認知件数

2011年に「大津いじめ自殺事件」がおきましたが、父親が滋賀県警大津署に被害届を出したにもかかわらず、すでに死亡しているという理由で受理されませんでした(大津市, 2014)。これを契機に、「いじめ防止対策推進法」(文部科学省, 2013a)ができました。

表11-1に、「いじめ防止対策推進法」の主な内容と事例の判決文の比較を示しました。判決文には、具体的に学校現場で実践すべきことが明記されています。この法律には、「児童生徒の関係をいびつにする」といった批判的な意見もありますが、結果的には児童生徒、学校や教師を守るものだと考えることができます。

いじめの定義は、マスコミをにぎわす大きな事件が起きるたびに変わり、そのたびに、いじめの発生数も増加しています(図11-1)。いかに学校現場の対応が混乱しているか、推測さ

表11-1 いじめ防止対策推進法の主な内容と事例の判決文の比較

いじめ防止対策推進法の主な内容	事例の判決文
①教職員の責務	①安全配慮義務
②いじめ防止方針	②集団的いじめ防止指導義務
③いじめの早期発見のための措置	③いじめの実態、全容把握義務
④いじめの防止の調査研究の推進	④加害生徒への指導、被害生徒への拡大防止義務
⑤いじめの通報における適切な措置	⑤情報の共有と組織的対応義務
⑥関係機関等との連携等	
⑦所轄警察署への通報	
⑧学校相互間の連携協力体制の整備	
⑨重大事態への対処(犯罪にかかわるいじめ)	

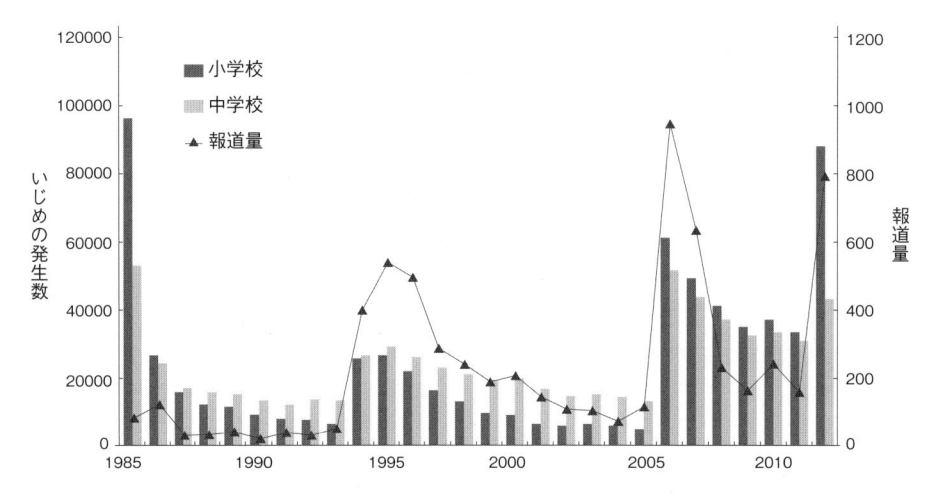

図 11-1　いじめの認知件数（小中学校）（文部科学省，2011; 2013）

2012年のみ「いじめの問題に関する児童生徒の実態把握並びに教育委員会及び学校の取組状況に係る緊急調査」から（期間は2012年度当初から9月まで）。報道量（右目盛り）は，朝日新聞での「いじめ」を本文に含む記事量（「聞蔵Ⅱ」による）。

れます。

(3) 日本のいじめの特徴

図 11-2 に小中高校のいじめの態様を示しました（文部科学省，2013b）。年齢別推移を見ると，小学生では仲間はずれや集団による無視が多く，高校生になると「たかり」などの持ち物・財産の侵害行為，携帯電話やLINEなどでの「中傷」が多くなります。年齢が高くなればなるほど，悪質でわかりにくくなる傾向ですが，これらは目に見える暴力行為でないため，発見しにくい状況だといえるでしょう。メール・LINE・口頭にかかわらず，毎日のように暴言を送られ，何らかの病気になれば傷害罪です。いじめる側の行動を阻止するには，まず，そのような被害を受けたことを証拠化し，損害賠償請求の通知を送るといった行動が必要で

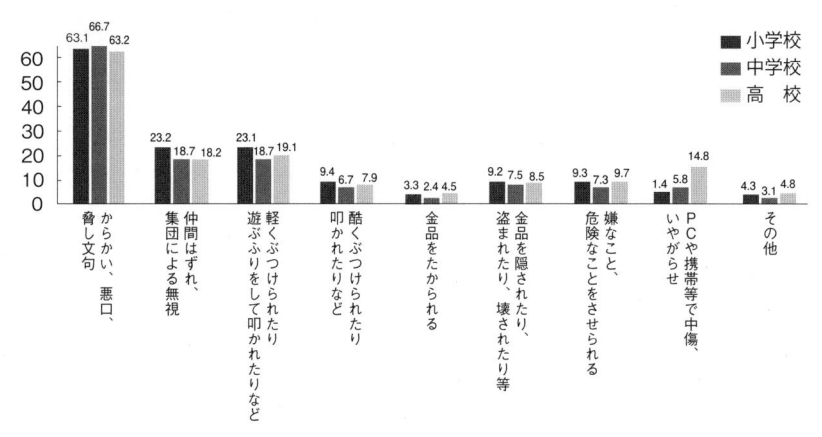

図 11-2　いじめの態様（文部科学省，2013b）

す。被害届については，証拠がないと警察が受理してくれないこともあります。

さらに，図11-3は，いじめをする児童生徒との関係を示しました。いじめをする児童生徒といじめられる児童生徒は，同じクラスであることが多いことがわかります。いじめは場合によっては，仲良しグループのなかでおきます。実際，「大河内清輝君事件」も「大津いじめ自殺事件」も，仲良しグループのなかでおきました。親しい仲間と楽しく遊んでいるように見えるため，外からわかりにくく，教師による発見が遅れます。発見されにくいことから，被害者は無力感に陥り，ますます訴えることができなくなります。

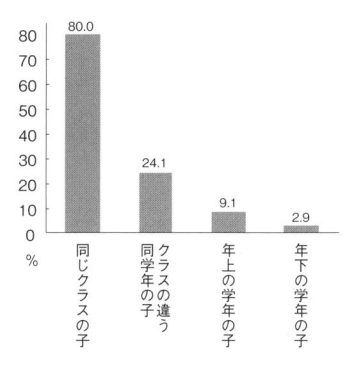

図11-3 いじめをする児童生徒との関係（森田，1999）

11-02　いじめの影響と構造

(1) いじめと精神保健

　ロンドンにあるキングス・カレッジのLouise Arseneault博士らのグループによる，イングランド，スコットランド，ウェールズで1958年のある1週間に生まれた18,000人のうち約8,000人を対象に続けられてきた追跡研究から，子ども時代のいじめは心身に非常に長期的な影響を与えていることが示唆されました。貧困，家族の不和，虐待といった要因を除いても，子ども時代にいじめを受けた人は，いじめを受けていない人に比べ，50歳の時点で，身体的な健康レベルが低く，不安，うつ，自殺企図が多くみられました。また，記憶力や認知機能も低いという結果でした。いじめと，身体的な健康レベルの低さ，不安，うつ，自殺企図が直接関係するかわかりませんが，いじめが健康のリスク要因になっている可能性が明らかになりました（Arseneault, et al., 2010）。いじめが，人権問題であるという根拠になる調査だといえます。

　また日本の学校でのいじめは，暴力以外にも，仲間はずれや無視，LINEの書き込みなど，教師からはいじめとはわかりにくいものが多いという特徴があります。教師は「いじめは精神保健・人権の問題」であると伝えていく必要があります。

(2) いじめの4層構造

　それでは，いじめのの構造として，森田の「いじめの4層構造」を紹介します（森田，1999）（図11-4）。

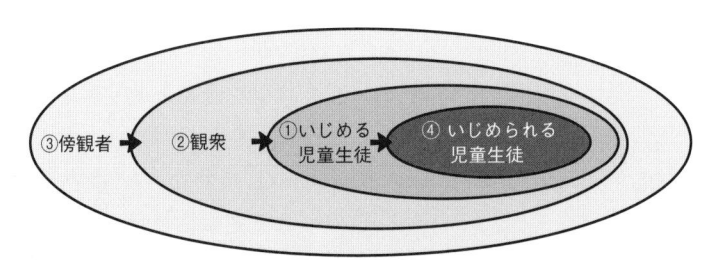

図11-4　いじめの4層構造（森田，1999）

①いじめる児童生徒：過去においていじめの経験をもつ児童生徒を指す。
②観衆：はやしたてたり，おもしろがったりして見ている児童生徒を指す。
③傍観者：見てみぬふりをする児童生徒も過去にいじめを経験しているケースがある。したがって，次にいじめのターゲットになることを恐れる人といえる。
④いじめられる児童生徒：いじめられる児童生徒にとっては，集団における圧力全体が「いじめ」となる。いじめられた児童生徒は，先ほど挙げた事例のように「自分なんていない方がいいんじゃないか」と自分を否定して，身動きがとれなくなる。このとき，いじめている児童生徒だけでなく，見て見ぬふりをしている傍観者もいじめの加害者と呼ぶことができる。

11-03　復習

❖復習問題
①いじめ防止推進法の意義を考えてください。
②いじめ被害者加害者の心身への影響を説明してください。
③児童生徒がいじめ被害を訴えにくい理由を話し合ってください。

【引用・参考文献】

大津市（2014）．大津市第三者調査委員会調査報告書〈http://www.city.otsu.lg.jp/shisei/koho/kouho/message/1388936256432.html（2015年4月29日確認）〉

熊丸光男（2014）．いじめ自殺事件と学校・教師―愛知私立女子高生いじめ自殺事件判決について　帝京大学教育学部紀要 2, 123-139

ストップザいじめナビ〈http://stopijime.jp/data/（2015年4月20日確認）〉

文部科学省（2006）．いじめ定義（児童生徒の問題行動等生徒指導上の諸問題に関する調査）

文部科学省（2011）．平成22年度児童生徒の問題行動等生徒指導上の諸問題に関する調査

文部科学省（2013a）．いじめ防止対策推進法

文部科学省（2013b）．平成24年度児童生徒の問題行動等生徒指導上の諸問題に関する調査

森田洋司編（1999）．日本のいじめ―予防・対応に生かすデータ集　金子書房

Arseneault, L., Bowes, L., & Shakoor, S. (2010). Bullying victimization in youths and mental health problems: 'Much ado about nothing'? *Psychological Medicine.* 40(5), 717-729.

[導入問題のヒント] 事例判決文

事例判決文1：いじめ自殺の予見可能性について　平成14年度当時，いじめに関する新聞やテレビの報道などによって，学校内におけるいたずらや悪ふざけと称して行われている児童や生徒同士のやり取りを原因として，中学生等が自死に至った事件が続発していることが既に周知されており，中学生等がいじめを契機として精神疾患や自死等に至るおそれがあることは，公知の事実であったというべきであり，いわゆる学校関係者である被告らがこのような事実を知らないはずはなく，仮に知らなかったとすれば，それ自体，学校関係者としての責任の自覚が欠落していたことを示すものといわざるを得ない。

事例判決文2：学校生活を安全に送れるようにするための義務（安全配慮義務）について　学校を運営する法人は，在学契約に基づく義務として，学校において，生徒を教育する責務を負い，生徒に対し，必要とされる学科について形式的に授業を実施するだけではなく，生徒が実質的に学科の教育を受けることのできる人的・物的環境を整え，学校における教育活動及びこれに密接に関連する生活関係における生徒の生命，身体，精神等の安全を確保し，これらに危害が及ぶおそれがあるような場合には，危害の現実化を未然に防止し，生徒が安心して教育を受けることができるように，その事態に応じた適切な措置を講ずる一般的な義務がある。また，上記義務について，学校を運営する法人の理事長は，法人に代わって事業を監督する者として，校長や所属の教員を監督する義務を負い，学校の校長は，同様に所属の教員を監督する義務を負い，教員は，その担当する職務に応じて上記義務を具体的に履行する義務を負うものであり，被告らがそれぞれ上記のような義務を負っていることは，教育基本法，学校教育法等の趣旨からも明らかである。

学校と加害者の法律的責任と加害者被害者のケア

　判決文では，自殺の予見可能性があり，学校側が同級生のいじめを解消しなかったとされました。具体的には，いじめ自殺がすでに多数報道されているのに，学校の責任者としての自覚が欠如していることを前提に，義務違反として①学校生活を安全に送れるようにするための義務（安全配慮義務），②いじめの実態，全容把握義務，③加害生徒への指導，被害生徒への拡大防止義務，④集団的いじめ防止指導義務，⑤情報の共有と組織的対応義務を指摘しています。

　学校と担任に損害賠償が命じられました。加害生徒は和解に応じました。この事件が，現在学校で起きている問題だとします。①に加えて②〜⑤を実行し，そのうえで加害者に対する法律的な対応と，加害者と被害者への教育的ケアの両方が必要となります。

12 学校現場におけるいじめ問題

❖本時のねらい
1　いじめ対応を考える。

❖導入問題

●次の事例を読んで，「いじめ防止対策推進法」の主な内容にそって課題を話し合ってください。

※「いじめ防止対策推進法」の主な内容：①教職員の責務，②いじめ防止方針，③いじめの早期発見のための措置，④いじめの防止の調査研究の推進，⑤いじめの通報における適切な措置，⑥関係機関等との連携等，⑦所轄警察署への通報，⑧学校相互間の連携協力体制の整備，⑨重大事態への対処（犯罪にかかわるいじめ）

【事例1】
　教師は，初めて担任をもつ。管理職を含むいじめ防止委員会は毎週開かれている。
　対象クラス：中学1年1組，管理職・学年主任とも同組を教えている。

関連する生徒といじめ内容
①Aが中心となって集団でBをからかう
　対象生徒：A，B
　Aの家族構成：母（30代），A
　Aの状態：とても活発な生徒である。4月当初より，Aを中心に元気のよい生徒がグループを作っている。成績は，下位である。
　Bの家族構成：父（30代）会社員，母（30代）パート勤務，B，弟（小学3年生）
　Bの状態：体が小さく，おとなしい生徒である。バスケット部に所属している。クラスには同じ部活の生徒Cがおり，いつも一緒にいる。成績は，普通である。

②DのEに対する暴力
　対象生徒：D，E
　Dの家族構成：母（30代），D
　Dの状態：成績は，学年で最下位に近い。勉強する習慣がなく，宿題もやってこない。授業中ノートをとることも苦手である。Dは，仮説を立てて論理的に話すことができるが，D自身は，頭が悪いと思っている。
　Eの家族構成：祖父母（60代）祖父は会社役員，父（30代）会社員，母（30代）会社員，姉（大学生），E
　Eの状態：成績はクラスで真ん中ぐらいである。学校外の友人とバンドをやっている。高価な品をときどき学校に持ってくる

経過
　①Bは，体が小さく声も小さい。質問をしても，もじもじしている。教科担任がBを指名すると，クラスの女子がくすくすと笑い声をたてる。同じ部活のBとCは，朝や昼休みは教室棟でなく，管理棟の職員室

の側で，座り込んでいることが多い。6月にBの父親から，AのグループによるBへのからかいがひどいと苦情が入る。生徒指導部は，Aの話を聞く。Aは，「小学校時代，自分もBと同じようにからかわれていた。自分の父親は酒を飲むと家族に暴力をふるう。そのため，小学校を休むことがしばしばあった。現在は父親と別居している」と，生徒指導部の先生に気持ちを話した。生徒指導対象となり，別室登校になる。学年主任は，Bの保護者に対して，校舎の見回りやAからの謝罪を提案するが，保護者はそっとしておいて欲しいと述べる。しだいに，Aグループのからかいはなくなっていく。

②4月，ある教科担任が「質問に答えることができる人」とクラスに問いかけると，Eと声があがる。教科担任は「E，答えてください」と言うとEは欠席だった。教科担任はそのことを担任に報告する。Eは，その後も時々学校を欠席した。12月，Eは他のクラスの生徒と，教室棟ではなく管理棟にいることが多かった。冬休み，ある先生が「クラス写真のEの顔が穴を開けられたまま，ずっと飾られている。担任は気がつかないのかな」と他の先生に話す。1月になり，Eの祖父から，孫が学校でいじめられている，警察に被害届けを出すと訴えがあった。生徒指導部はEから事実を確認する。いじめの内容は，Dからの暴力行為である。学校長は「被害届けをすぐに出してください」と言う。学校長は，すぐ教育委員会に連絡する。すでに穴のあけられたクラス写真は外されていた。

警察は，Dからの暴力行為があったということで，Dの事情聴取を行う。一方学校では，Dの友人らが「だれがDを処罰したんだ」と，職員室廊下に押しかける。生徒指導部長が廊下でDの友人らの話を聞くことになる。担任は，職員室の自分の席から動こうとしない。結局生徒指導部は，Eからもう一度事情を聞く。EもDをからかう行為をしているということで，Eの別室登校を行うことになる。しかしEの家族は，警察で被害者と認定されているにもかかわらず，学校の指導に納得がいかない。さらに，年度の終わりにDの母親は，管理職・学年主任に「自分の子どもが学校から警察に売られた」と2時間以上苦情を言った。

12-01　学校におけるいじめの実態

　11章のいじめ問題では，判決文や先行研究を中心にいじめ問題への対応を述べました。11章をふまえ12章では学校現場を意識した議論をすすめていきたいと思います。

　本節では，まず学校におけるいじめの傾向について説明し，被害者のいじめを解決するための行動，加害者がいじめを停止する理由，傍観者がいじめに同調してしまう心理について説明していきます。

(1) 学校のいじめの傾向

　学校でおきる可能性のあるいじめ行為を攻撃性と犯罪性の傾向にそって分類したものを，図12-1に表しました。この図では，攻撃性・犯罪性が低い行為に「いじり」「からかい」が挙げられ，攻撃性・犯罪性が高い行為に「物を隠す」「強要」「恐喝」「暴行」が挙げられています。「いじり」「からかい」のような攻撃性や犯罪性の低い行為は，児童生徒が相互にやっている場合がありますが，なにかの拍子に，それが一方的になったり，犯罪性の高い行為に発展したりします。

　11章で紹介した「いじめの定義」（文部科学省，2006）では，本人がいじめと訴えたものがい

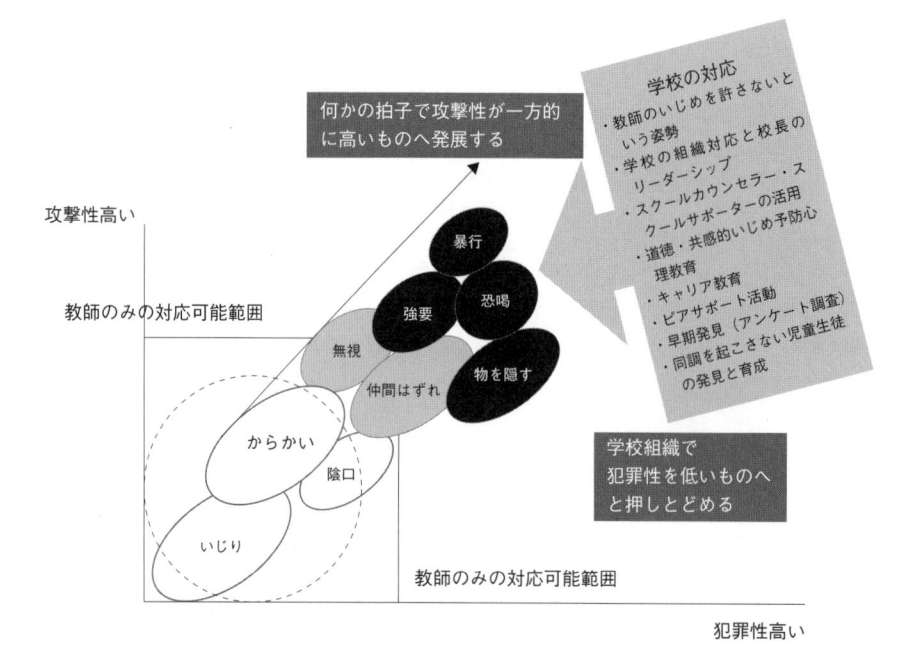

図12-1 学校でおきる可能性のある攻撃性・犯罪性別いじめ行為（田邊（2014）を改変）

じめとなるとしていますので，「いじり」「からかい」も，本人が訴えれば，学校はいじめの確認調査をします。それとなく周囲の児童生徒から情報を収集して，事実を確認します。加害者と思われる児童生徒からも確認します。そのうえで学校は，いじめかどうかの判断を行います。もちろん，その段階でスクール・カウンセラーの助言も求めると思いますが，最終的には学校として判断しなければなりません。先述の事例のように児童生徒からの情報収集がしっかりできていないと，いじめ指導に混乱がおきます。

　まず，クラスメートからのいじめを早期発見，防止することが，被害者ばかりでなく加害者や保護者，教師にも非常に重要であり，犯罪性の高いものを予防することにつながります。

(2) 被害者の解決心理

　日本の学校で被害者が解決したいじめについての調査を紹介します。佐藤らは，いじめられた経験をもつ小・中・高・専門学校生の被害者について自由記述による調査を行いました（佐藤ら，2000）。被害者がなにもしないと長期化し，反対に「他に友人を作る」「だれかに相談する」などの具体的行動をとると短期に解決することを明らかにしました。

(3) 加害者のいじめ停止心理

　次に，いじめ加害者のいじめを停止する心理について本間の調査を紹介します。本間らは，中学生1245名を対象に，加害者について分析しました（本間，2003）。調査によれば，いじめ

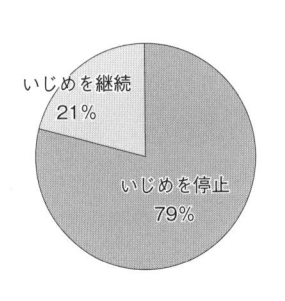

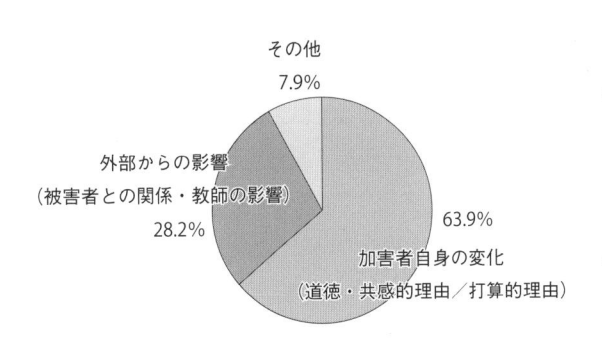

図12-2 いじめ加害者停止の有無（中学生）（本間, 2003）

図12-3 いじめ加害者停止理由（中学生）（本間, 2003）

加害者のなかでいじめを停止したものは79.0%でした（図12-2）。つまり，多くのいじめは停止することができるということです。

さらに停止の理由を分析すると，いじめ停止理由は「ばかなことをしている自分に気づいた」など「加害者自身の変化」が63.9%ともっとも多く，「外部からの影響」は28.2%と2番目でした（図12-3）。「加害者自身の変化」をさらに分析すると，「いじめられる人の気持ちがわかったから」のような「道徳・共感的理由」（84.3%）と，「高校入試にひびくといやだから」のような「打算的理由」から構成されていました。さらに，「外部からの影響」については，被害者以外では「教師の影響」がもっとも多くなりました。

(4) 傍観者の心理

心理学の実験で「同調」とは，個人が集団のなかにいることで自分の判断や行動が集団の方へ動かされることをいいます。集団内にいる個人には集団から一斉圧力がかかっているわけですが，それによって集団自体が維持されます。アッシュは，同調の実験を行いました（Asch, 1951）。アッシュの実験とは，4人にいくつかの線をみせてどれが一番短いか答えるというものです。ただし，3人はサクラで短い線を長いと答えるのです。そのことを知らない被験者が，集団圧力に同調して間違った答えを出す確率が3/4だったという結果でした。つまり自分で真実を考えないようにする人が，3/4もいるのです。しかし，彼らに物差しで測らせて，真実がわかると3/4の人は「やっぱりおかしいと思った」ということになります。これは，いじめ問題における傍観者の心理にもあてはまると思います。

12-02 いじめ予防のための対応

いじめ防止推進法の主な内容と先行研究から，いじめ予防をまとめたいと思います。

(1) 教師の対応

①いじめを許さないという姿勢

「楽しい」とか「みんなもおもしろがった」という集団のなかで，いじめはいけないという認識がなくなっていくといじめ予防はできません。その傾向が，エスカレートしていけば犯罪性・攻撃性の高いものになってしまいます。いじめ加害者への「教師の影響」をはじめとする外部からの影響も大きいのですから，教師と児童生徒の信頼関係に立ったうえで，教師のいじめを許さない姿勢，そしていじめをエスカレートさせない姿勢をとることが重要です。

②学校の組織対応と校長のリーダーシップ

いじめ予防のためには，教師がいじめをゆるさないという組織対応が必要です。校長のリーダーシップがその組織対応の中心となります。臨床心理士や，スクール・サポーター（警察官経験のある人）は，いじめ防止や早期発見に欠かせない（教師にはない）専門性をもっています。そのような専門家を活用するためには，校長による開かれた学校づくりが重要です。

③道徳・共感的いじめ予防心理教育

6章では，心理教育が予防開発的生徒指導である必要性について指摘しました。いじめ防止については，①外国のいじめの動画（NHK, 2014）や精神保健（National Public Radio, 2014）の知識と情報の提供，②いじめの被害者のサイコドラマやSSTなどを組み合わせた心理教育が適しています。これらの心理教育は，加害者の「道徳・共感的理由」を高める可能性があります。実際，中村と越川は，いかなるいじめも容認しない心理教育といじめ介入のSSTを中学生に50分実施し，一定の成果をあげています（中村・越川, 2014）。

平成27年度学習指導要領の一部改正によって，道徳が教科となり，小中学校で実施されることになりました。いじめ予防となることが期待されています（文部科学省, 2015）。

④キャリア教育

進路を考えさせることも児童生徒の現実原則（☞39頁）にそった予防になる可能性があります。実際，自分の進路を意識する時期である高校3年生のいじめの発生率は，小中高校のなかでもっとも低いことがわかっています。

教師のこのような対応によって，一定のいじめを犯罪になる前の段階で止められる可能性があります。適切に対応すれば，図12-1で表しているように，攻撃性や犯罪性の低い段階に押しとどめることができるのではないでしょうか。

(2) ピアサポート活動

被害者が「他に友人を作る」「だれかに相談する」ということが、いじめの短期での解決につながることが多いため、ピア・サポート活動は有効だといえます。もちろん居心地のよいクラスづくりは、被害者のサポートの観点からみても有効でしょう。

(3) 早期発見のためのアンケート調査

本間の調査（本間，2003）においても、いじめの継続加害者が5.5%いました。児童生徒のアンケート調査では、「いじめはどんな理由があってもいけないことだと思いますか」という質問に、賛同しなかった小学生は5.7%、中学生で6.7%いました（文部科学省，2014）。これは、いじめ予防に力をいれているフィンランドやスウェーデンでも近い結果でした（望月，2013：表12-1）。残念ながら、いじめをなくすことは難しいようですので、早期発見が重要です。

文部科学省のいじめ発見のきっかけについての調査によれば、アンケート調査（53.2%）、本人からの訴え（15.9%）、学級担任の発見（12.8%）、保護者の訴え（9.6%）、本人以外の児童生徒（3.2%）でした（文部科学省，2013c）。アンケート調査は、できるだけ簡単で、いじめ調査とわからない間接的なもので、被害者の状況がわかりやすいものが望ましいです。また、内容に

表12-1 欧米のいじめ発生率（望月，2013）

男子

国	%	国	%
スウェーデン	8.6	カナダ	23.3
チェコ	9.7	フランス	24.0
スペイン	10.2	ポーランド	24.6
アイスランド	10.3	ポルトガル	24.9
ハンガリー	12.0	ルクセンブルク	26.8
フィンランド	13.3	スイス	27.0
ウェールズ	14.0	ドイツ	27.1
アイルランド	14.8	ベルギー（フランス語圏）	28.5
スコットランド	15.1	イスラエル	30.5
マルタ	15.1	ロシア	30.8
ノルウェー	15.3	オーストリア	33.2
クロアチア	15.7	ブルガリア	33.3
イングランド	16.5	ウクライナ	34.4
ベルギー（フラマン語圏）	17.0	トルコ	36.4
デンマーク	17.0	ルーマニア	38.0
スロベニア	18.0	グリーンランド	38.2
オランダ	18.8	ギリシャ	41.3
イタリア	19.6	エストニア	42.8
マケドニア	20.3	ラトビア	43.5
アメリカ	22.2	リトアニア	45.2

女子

国	%	国	%
スウェーデン	4.8	イスラエル	15.3
アイスランド	5.4	ベルギー（フランス語圏）	16.0
マルタ	6.3	スイス	16.5
チェコ	6.6	アメリカ	16.6
スペイン	8.0	ポルトガル	16.7
ノルウェー	8.4	カナダ	17.0
フィンランド	8.8	ドイツ	18.2
アイルランド	8.9	オーストリア	18.3
ハンガリー	8.9	ブルガリア	18.8
クロアチア	9.9	フランス	18.8
スロベニア	10.1	ルクセンブルク	19.5
オランダ	10.6	ロシア	23.4
デンマーク	10.9	エストニア	25.0
マケドニア	11.0	ルーマニア	26.7
イタリア	11.3	ギリシャ	28.3
ポーランド	11.5	トルコ	28.7
スコットランド	11.9	ウクライナ	28.8
イングランド	12.1	グリーンランド	32.0
ベルギー（フラマン語圏）	12.2	ラトビア	32.0
ウェールズ	13.7	リトアニア	35.8

よっては自宅での記入も一つの方法です。

（4）同調をおこさない児童生徒の発見と育成

　本人以外の児童生徒の訴えによっていじめは発見できるでしょうか。アッシュの実験でも，集団圧力に同調しない人は必ずいました。いじめの早期発見のためには，同調をおこさない人に注目しましょう。教師は，そのような児童生徒とコミュニケーションをとって，早期発見につなげることができます。

　図12-4にクラスのだれかが他の子をいじめているのを見た場合の対応を示しました。同調性が高いといわれる日本人でさえ，42.7～15.4%の児童生徒が，いじめを見た場合「先生に知らせる」と答えています。教師がいかに児童生徒から信頼され，関係性を構築しているかが早期発見の鍵となります。

　また，校長のリーダーシップ，学校の組織対応，教師の姿勢，心理教育，キャリア教育，ピアサポート活動が，集団同調をおこさない児童生徒の育成につながると思います。

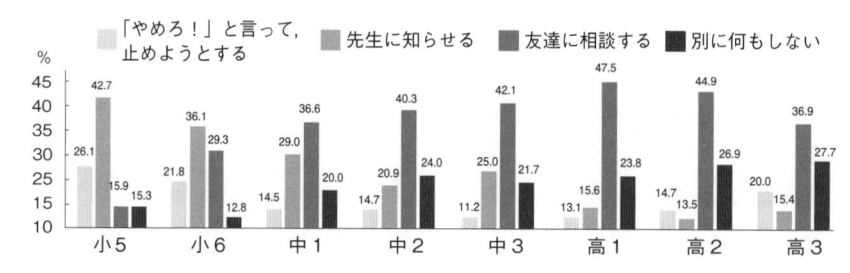

図12-4　クラスのだれかが他の子をいじめているのを見た場合の対応（文部科学省，2013c）

12-03　復習

❖復習問題

①事例を読んでいじめの予防である(1)校長のリーダーシップと学校組織対応，(2)教師の姿勢，(3)心理教育，(4)キャリア教育，(5)ピアサポート活動，(6)早期発見，(7)教師と児童生徒の関係性の視点で話し合ってください。

②事例1と事例2の担任の違いはどこからくるのか考えてください。

【事例2】	関連する生徒といじめ内容
教師は，初めて担任をもつ。管理職を含むいじめ防止委員会は毎週開かれている。	①学力も低く，動作が遅いF
	対象生徒：F
対象クラス：中学1年2組，管理職・学年主任とも同組を教えている	Fの家族構成：父（30代）会社員，母（30代）専業主婦，F

Fの状態：田園がひろがる小規模小学校出身。成績は最下位。少し太り気味で、動作が遅い。自己主張は苦手。

②行事のたびに欠席する女子生徒G
　対象生徒：G
　Gの家族構成：母（30代），G
　Gの状態：成績は普通である。苦労して育っているためか、教師や友人の気持ちを察することができる。反面、友達に引っ張られやすい傾向がある。母親は、Gに振り回される傾向がある。

③いじめを訴えるHと母親，いじめをするI
　対象生徒：H, I
　Hの家族構成：父（60代）無職，母（40代）パート勤務，H
　Hの状態：成績は下位に属する。いつもIがいる5人グループにいる。暗い顔をときどきする。おとなしい生徒である。小学校時代は欠席が多かった。
　Iの家族構成：父（40代）会社員，母（30代）パート勤務，兄（高校生），I
　Iの状態：成績は下位。いつもゲームをしている。髪の毛は茶色に染めている。兄が不登校になったとき、現在の担任が母親を支え、無事卒業に至った。Iは、兄や母について気にかけている様子はない。

経過
　4月当初より「居心地のよいクラスをつくろう」とクラス全体に声をかけ、クラスづくりをしている。また7月の球技大会のメンバーを5月に決めなければならないが、担任は「まだ人間関係ができていないのに」と生徒をねぎらうなどクラスづくりに努めている。授業が成立しない傾向にある学校だが、クラスの雰囲気はよく、複数の教科担任から「生徒の素直な発言が多く、授業がやりやすい」という評価が1年間続いた。

　①クラスには、学力が低く、動作が遅いFがいる。4月から担任は、気だてのよい一部の生徒に声をかけ、Fの様子を気にかけて欲しいと依頼する。Fはそのグループに属するようになる。担任は、放課後など時々クラスをのぞき、生徒の様子を見て声をかける。

　②また、行事ごとに欠席する女子生徒Gがいる。母子家庭である。担任は、学年主任の了解をとり、出身小学校の担任にGの小学校生活と家庭の様子を聞く。小学校の担任は、大きな問題はなかったが、母親は娘に振り回されているようだと述べる。母親からの欠席連絡はあるが、実際は他校の友だちと遊んでいると思われる。担任は、スクール・カウンセラーに相談する。スクール・カウンセラーは、現実的な枠を示すことの重要性を説明する。担任はGを呼び、「行事はGやクラスメートにとって大事な学校の居場所である」と話す。さらに、担任は保護者に、欠席が多いと進路に影響することを話す。その後、徐々に行事の欠席が少なくなる。

　③9月になり、欠席が多くなったHの自宅に担任が電話を入れる。母親に「欠席が多いようですが、何か理由がありますか。一度Hにたずねてください」と話す。その後、母親はHから「Iが執拗にからかうから学校に行きたくない」と打ち明けられ、担任に連絡する。担任は不登校だったIの兄を教えたことがあり、Iの母親の相談にのっていたこともある。担任は、すぐに学年主任とスクール・カウンセラーに相談する。スクール・カウンセラーは「IのキーパーソンはHは担任であること。担任はIと話をして事情を聞くこと。そして、おそらくIは相手の感情を推し量ることまでできていないので「いいすぎたら教えて欲しい」、『ごめんね』と相手に声をかけるようにするとよい」と人間関係のスキルを助言する。

　担任はすぐにIを職員室に呼び出す。職員室でIは肩で風をきるように大手をふって偉そうにしていたが、別室に移ると小さくなってしまった。担任はIに、スクール・カウンセラーの助言を話す。Iはだまってうなずく。

　担任は、双方の母親に指導の概略を説明する。すぐに学年団で報告し、2人を注意して見てほしいこと、変化があれば報告してほしいことを依頼する。学年主任は、管理職も交えた会議で報告する。

コラム：体罰

体罰の周辺　体罰は，学校教育法第11条において禁止されています。

2012（平成24）年度体罰の把握のきっかけとなったことをみてみましょう（図12-5）。小中高で違いはありますが，教員の申告，保護者の訴え，児童生徒の訴えが多く，第3者の通報は少ないといえます。体罰を見ている人は，許せないと考えており，体罰容認教師は，少数派になりつつあるということがわかります。

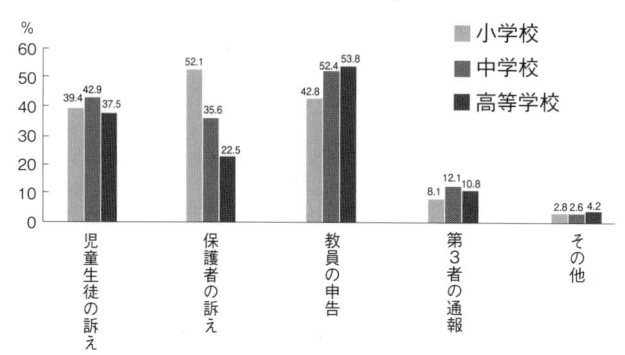

図12-5　平成24年度体罰の把握のきっかけ（文部科学省，2013b）

体罰を行う教師の心理　体罰を行う教師の心理を理解するために，ここではアイヒマン実験を紹介します。ミルグラムは「体罰と学習効果の測定」というテーマで実験を行いました。生徒役の学生が答えを間違えると，被験者は電流を流してもよいと指示があります。被験者は，実験者から「大丈夫です」と，大学の先生からお墨付きを貰うのです。すると61-66％の被験者は，致死量の電流を流してしまいます（Milgram, 1963）。

この実験は，権威のある大学の先生から「人を支配・服従させる力」という権限を与えられるとどんな人でも，恐ろしいことができることを指摘しています。教師には，権限が与えられています。「暴力も必要なもの」と思ってしまうのです。

それでは，体罰をした教師はどうなるのでしょうか。平成24年大阪市立桜宮高校で体罰自殺があり，体罰をした教師に対して大阪地裁は元教諭に懲役1年、執行猶予3年の有罪判決を言い渡しました。また，表12-2をみてください。体罰した教師は，処分を受けています。

表12-2　平成24～25年度体罰の状況（公立）（文部科学省，2013a；文部科学省，2014）

区分	平成24年度		平成25年度	
	発生件数	体罰による懲戒および訓告教職員	発生件数	体罰による懲戒および訓告教職員
小学校	1518	2752（2663）	1048	3953
中学校	2552		1819	
高等学校	1297		1045	
中等教育学校*	2		2	
特別支援学校	46		39	
合計	5415		3953	

*中高一貫学校
（　）懲戒および訓告検討中

【引用・参考文献】

佐藤宏平・若島孔文・長谷川啓三(2000).小・中・高・専門学校生を対象にしたいじめの調査―いじめの期間と本人の解決努力・解決様式との関連の検討　日本カウンセリング学会第33回大会発表論文集, pp.274-275.

田邊昭雄(2014).学校教育相談学会第26回総会「いじめ問題を考える」シンポジウム

本間友巳(2003).中学生におけるいじめの停止に関連する要因といじめ加害者への対応　教育心理学研究 51, 390-400.

望月研吾(2013).諸外国のいじめ問題とフィンランドと英国の防止への取組，教育と医学 61(2), 124-131.

文部科学省(2013a).体罰に係る懲戒処分等の状況一覧

文部科学省(2013b).体罰の実態把握について（第1次報告）

文部科学省(2013c).平成24年度「児童生徒の問題行動等生徒指導上の諸問題に関する調査」について

文部科学省(2014).体罰の実態把握について

文部科学省(2015).学習指導要領

中村玲子・越川房子(2014).中学校におけるいじめ防止を目的とした心理教育的プログラムの開発とその効果の検討　教育心理学研究 62(2), 129-142.

Asch, S. E.(1951).Effects of group pressure upon the modification and distortion of judgment. H. Guetzkow（ed.）*Groups, leadership and men*. Pittsburgh, PA: Carnegie Press.

Milgram, S.(1963).Behavioral Study of Obedience. *Journal of Abnormal and Social Psychology*, **67**, 371-378.

National Public Radio(2014).〈http://www.npr.org/blogs/health/2014/04/19/304528674/mental-and-physical-toll-of-bullying-persists-for-decades（2015年4月22日）〉

NHK(2014).いじめ―アメリカ　BS世界のドキュメンタリー

Part Ⅲ
チーム援助のために

13 個別援助とチーム援助

❖ 本時のねらい
1　チーム援助の効果を考える。

❖ 導入問題
● 次の事例を読んで，あなたが担任ならどうするか，話し合ってください。

【事例】
対象生徒とその概要
校内援助体制：担任（経験3年），教育相談担当教師（相談経験3年，大学院で1年学校教育臨床の研修経験有り，コーディネーターの役割ももっている），養護教諭（経験10年）
対象生徒：D子（中学2年生）
家族構成：父（40代），母（40代），D子，弟（小学6年生）
D子の問題の概要：パニック症（中学1年4月に医師より診断を受けた）。D子のパニック症の症状は，入学直後体育館で気持ちが悪くなったのが最初で，それ以来気持ちが悪くなることを心配し，登校できなかった。登校しても，授業中不安を感じるあまり，震え，吐き気などがあった。吐き気を怖れて，保健室へ行くことが多かった。不安で夜の外出はできず，気持ちが悪くなることを怖れて外食もできなかった。
D子の状態：小学時代は運動部に所属し，レギュラーとして活躍していた。行動面では責任感が強く頑張り屋で，さぼっている児童がいるなかで毎日参加し，運動部を支えた。中学1年生の時の欠席は20日であった。中学2年生の欠席は，7月の時点で25日になっていた。親しい友人は小学校時代の幼なじみで，中学1，2年ともに同じクラス，同じ部活動であった。また，担任が顧問をしていた部活であった。学校に来ることができないときは，夕方，登校の練習といって母親が付き添い，学校で階段の上り下りをしていることがあった。また，登下校時に母親がD子に付き添っていることも頻回に見られた。
校外専門家：精神科医（D子がパニック症の発症時に受診した病院の精神科医）

経過
　D子は入学当初気持ちが悪くなったことがあり，気持ちが悪くなることが不安で登校しづらい状況であった。担任と養護教諭，管理職は，医師との連携のもと，D子の意志を大切にするという方針で援助してきた。また，担任と養護教諭は，両親からD子を迎えに来てほしいなどと依頼され，学校のそばにある自宅まで迎えに行くが，何時間も登校できない状況が続いていた。D子の担任は1，2年で同じであった。担任はD子が2年生に進級する際，自ら担任を希望した。2年生の7月に，担任は両親へ「D子の出席時間にこだわらず，日常生活を送れるように考えたら」と提案したが，あいかわらず両親から迎えなど生活の手助けの依頼がきた。また，両親から医師の治療がうまくいっていないことも報告されていた。担任と養護教諭はD子の援助に疲弊していた。

13-01 事例経過

援助の期間
コーディネーターの直接援助：X年7月～X＋1年3月
校外専門家と学校との連携：X年10月

校内情報共有：校内外チーム援助の内容は，毎週相談係会を通して，議事録として担任・学年主任・管理職に回覧されている

事例の経過を3期に分けました。第1期は校内外の情報からアセスメントを行った時期，第2期は校内外各専門家へのコーディネーション活動によって危機回避した時期，第3期は校内のコーディネーション活動をし，校内の援助が行われた時期です。

(1) 第1期：校内外の情報からアセスメントを行った時期

担任と養護教諭の援助依頼をうけて，コーディネーターが，父親，母親，D子の面接によって，アセスメントを行った。

第1回チーム会議
（担任・養護教諭・コーディネーター，X年7月20日）

担任と養護教諭より，今までのD子の状況が説明された。D子は1年生4月体育館にいたとき，気持ちが悪くなった。それ以来，気持ちが悪くなることが心配で，病院に行った。D子はパニック症の診断を受けた。担任が医師と連携したところ，医師から「D子の意志を大切にしてほしい」と助言された。その助言のもと，担任と養護教諭は自宅まで迎えに行くことがあるが，何時間も待たされると報告した。養護教諭は，両親から医師の治療がうまくいっていないことを相談され，いくつかの無料の相談所を勧め，母親が相談に行ったことを報告した。担任は，コーディネーターに「D子とその家族に会ってほしい」と言い同意された。コーディネーターは，今までのように両親がそろっているところで話をきくのではなく，別々に面接を行うことを希望した。担任と養護教諭から，父親が中心になって話を進めているため，父親から行った方がよいと説明された。3者は面接と会議の手順を確認した。
① 担任がD子と両親にコーディネーターへの相談を勧め，承諾を得る。
② コーディネーターが父親面接を行ったところで，
③ 次のチーム会議を開くこと。

担任からD子と両親に，コーディネーターへの相談が勧められた。その結果，D子と両親の了解が得られた。コーディネーターによる父親，母親，D子の面接が行われた。

コーディネーターによる父親面接（X年9月第1週）

父親は，D子が1年生の4月に医師よりパニック症の診断を受けたことと，担任のD子との交換日記や迎えなどの援助に対する感謝の気持ちを述べると，堰を切ったようにしゃべり出した。「実は，妻は昨年の11月頃からうつ病になりました。登校時間になるとD子と母親は机に向かい合わせに座り，大声を出す状態です。娘は私たちに変わってほしいとも言います」と，母親とD子の状態が話された。コーディネーターは，援助のために面接の概要を他の教師に伝えることについて，父親の了解を得た。

work

問題1　なぜ父親は家族の問題をコーディネーターに話したのでしょうか？
問題2　チーム援助における情報の共有の意義と注意点を考えましょう。

メモ：

第1回チーム会議を受けて第2回のチーム会議が行われた。

第2回チーム会議
(担任・養護教諭・コーディネーター，X年9月第1週)
　コーディネーターは，父親の面接の概略を話した。担任は，自分の援助が間違っていたのかと聞いた。コーディネーターは，医師の指示であり，教師として当然であったことを説明した。3者で状況が共有された後，コーディネーターは，「父親が言うには，D子は『両親に変わってほしい』と言っているので，D子のニーズを確認することと，医師との役割分担によって教師ができることを確認できると思います」と意見を伝えた。
　コーディネーターは，担任と養護教諭が信頼関係をつくって対応したことの労をねぎらった。コーディネーターは，担任に「パニック症は，不安なために日常生活が困難になり，場合によってはD子の依存傾向も強くなると思います。D子と母親を守るためにも医師の治療を再開しましょう」と，説明した。それを受けて，D子のニーズの確認と医師の治療を優先するという援助方針が3者で確認された。①コーディネーターがD子のニーズを確認する，②コーディネーターは医師と学校との連携を父親に勧める，③担任は，母親とD子の状況を学年主任に報告し，さらに学年主任から全職員へD子の状況のみ報告する，④コーディネーターは，管理職にD子と母親の状況を報告すること。

　朝礼で学年主任から全職員へD子の状況が報告され，コーディネーターは管理職にD子と母親の状況を報告した。

　その後，コーディネーターは母親面接を行った。

13 個別援助とチーム援助

---

work

問題3　学校と医師との連携が，中学1年のみで中断しています。その理由を考えてください。

問題4　コーディネーターがいない場合，校外専門家と連携し，児童生徒や学校の状況を説明するには，どのような手順をふんだらよいでしょうか。

メモ：
_____
_____
_____
_____
_____
_____

---

(2) 第2期：校内外各専門家へのコーディネーション活動によって，危機回避した時期

コーディネーターによる母親面接（X年9月第2週）

　コーディネーターは「専門機関が定まるまでお話を聞くしかできませんが，お会いするということでいいですか」と聞いた。うつむきかげんだった母親はゆっくり頷いた。コーディネーターは，母親の発語が遅く意気消沈した感じから，心の問題に深入りしないように考えた。さらに，医師による治療の必要性を感じた。そこでコーディネーターは「どこの病院が一番落ち着きますか」と聞いた。母親は何度も携帯電話を見た。コーディネーターが「お嬢さんですか」と聞くと，しばらくして「はい」と答えた。コーディネーターは「気になるのですね」と言うと，母親は再びゆっくり頷いた。コーディネーターは，母親がD子のことが気になって考えがまとまらない様子を感じた。

　さらに，D子の面接を実施した。

コーディネーターによるD子面接（母親と同日）

　D子は「学校の話は医師にはしない。ほとんど病院に行っていない。父親が薬をもらいに行くだけ」と述べた。さらに，D子は「お母さんはずるい。以前，お母さんは私が学校に行かないと2階にあがっていって，飛び降りようとした。だから，私はお母さんが2階から飛び降りるんじゃないか，ガスをあけるんじゃないかと心配になる。でも学校に行きたくなったとき，お母さんがいないと行けない。お母さんがいないと困る。学校にいてどきどきしたときは，お母さんに電話をして校門のところにいてもらう」と語った。その言葉から，コーディネーターは，D子も母親との分離が難しい状態であると考えた。さらに，うつ病の母親の自殺未遂行為が，D子に心理的負担をかけていると考えた。コーディネーターは，D子の心理的負担を減らすため，優先順位を確認した。コーディネーターは「学校に行くことと，お母さんが変なことをするんじゃないかと思い続けるのと，どちらを優先して解決したい」と聞くと，D子は「お母さんが変なことをする方をなんとかしたい」と答えた。コーディネーターは，D子が自ら家族に伝えることの必要性を感じた。そのため，コーディネーターは「じゃあ，そのことをお父さんに言えるかな」と聞くと，D子は「言える」と答えた。コーディネーターは，援助のために面接の概要を他の教

師に伝えることについて，D子の了解を得た。
　コーディネーターによる母親とD子の面接を受けて，援助方針を再びチーム会議で検討した。

第3回チーム会議
（担任・養護教諭・コーディネーター，X年9月第2週）
　コーディネーターは，D子がうつ病の母親とその自殺未遂行為が心配で，学校に行きたいが行けない状態であり，無理矢理登校させられることを嫌がっていると，D子の状況を報告した。また，D子と母親が通院していないことも報告した。これらを受けてコーディネーターは，以下の点について説明した。①まず，母親の安全を高めるために医師の治療が重要であり，父親に通院を勧めること，②現在の母親は，沈んだ様子で自発性がみられないことから，エネルギーはないので自殺の可能性は低いと思われること，③父親からは正確な情報が報告されていることから，父親をキーパーソンとすることを述べた。養護教諭は，病気の自覚がないままD子と両親に援助を求められ，疲れたと述べた。担任は，努力家のD子は，自分のパニック症に，母親の病気と自殺への心配が重なって，ますます不安を大きくしていると思うと説明した。そこで，D子の心理的負担の軽減が大切であることが，3者で確認された。コーディネーターは，医師への通院を勧めることによって，D子を教師としてできる範囲で守ることを再び提案した。
　3者は次のことを確認した。援助方針は，医師への通院を促したうえで，学校と医師が連携をすること。具体的には，①コーディネーターは面接を通して，父親に通院，および教師と医師との連携を勧める，②3者のいずれかが通院の確認ができたところで，チームの報告会議を開くことである。

コーディネーターによる父親面接（X年9月第2週）
　コーディネーターはD子と母への医師の治療を勧め，そのうえで学校と医師との連携の重要性を伝えた。
　コーディネーターの担任への助言によって，D子は休学中であるが，校内の援助が行われた。

[問題1のヒント] 援助のための専門性
　個人情報などの秘密を職務上知り得たものには，守秘義務という重大な義務が課されます。コーディネーターに限らず，他の援助者も同様です。困難をかかえた児童生徒・保護者は，コーディネーターなら専門家だから話をわかってくれる，個人情報を守ってくれるという信頼感から，家族の問題を話してくれるのです。D子の父親もそうです。しかし，チーム援助を進めるためには，その個人情報を援助者の間で共有する必要があります。個人情報の開示の了解をとることは，チーム援助のために必須であり，相手との信頼関係のうえに可能となります。
　精神病理など困難をかかえる児童生徒の援助には，役割や専門性が必要です。専門性のある人は，いろいろな話からアセスメントして，援助方針を立てることができるのです。
　担任は，校内に心理・社会面の専門性の高い教師がいれば，その先生に相談すればよいのです。また，スクール・カウンセラーやスクール・ソーシャルワーカーも，心理・社会面の専門家ですが，残念ながらほとんどが非常勤のため，タイミングを失うときがあります。また配置すらされていない場合もあります。常勤では一般的には，生徒指導主任，養護教諭，教育相談担当教師などの専門性が高いとされています。しかし，その専門性には差があります。

[問題3のヒント] コーディネーターの役割
　校外専門家との連携は，児童生徒の援助には重要です。しかし，担任は，連携のための専門的知識もなく，必要性も理解できない可能性があり，継続的な連携は難しいかもしれません。そのために，コーディネーターが必要になります。

(3) 第3期：校内のコーディネーション活動をし，校内の援助が行われた時期

D子と母親の通院が再開され，学校と医師の連携が行われた。

第4回チーム会議
（担任・養護教諭・コーディネーター，X年9月第4週）
担任より，医師によるD子と母親の治療が始まったことが確認された。さらに，担任から「自分たちができる援助の範囲を考えましょう」と提案された。

コーディネーターによる父母面接（X年10月第2週）
父親から，医師から母子の分離の話と登校にこだわらない方針が出ていることが話された。登校については父親も同意見であることが確認できた。

第5回チーム会議
（担任・養護教諭・コーディネーター，X年10月第2週）
コーディネーターは，父親から聞いた医師の治療方針を報告した。3者は，医師と連携するタイミングが来たことを，確認した。コーディネーターは，

①父親がD子の状況を説明し，コーディネーターが補うこと，
②担任が学校での援助の実態を伝えること，
③教頭が学校に対して希望する援助を医師に質問すること

を提案した。担任と養護教諭は了解した。また，事前にコーディネーターが，連携内容を父親に伝えることが了解された。

コーディネーターは，父親に連携内容の概要を連絡した。さらにコーディネーターは，校長にD子と担任，養護教諭の状態を説明し，医師との連携内容と参加者，その役割分担を報告した。すると，校長は「自分からも教頭に病院へついて行くように伝える」と述べた。医師との連携では，以下のことが確認された。

①父親とコーディネーターからは，D子は学校に行きたいが，母親が心配であること，
②担任からは，両親から電話がありD子を迎えに行っていることや欠席が多い状況であること，
③教頭からは，学校としてどのような援助をしたらよいか質問された。

医師からは母親の入院が再度勧められた。父親は親戚の協力を得ることで工夫すると説明した。また，医師は治療を優先するためにD子の休学を父親に勧めた。

---

work

問題5 校長が，教頭に病院へついて行くように指示を出していますが，必要性の有無について話し合ってください。

メモ：

> [問題5のヒント] 援助を行うための権限
>
> 　困難をかかえる児童生徒の援助のためには，権限が必要です。権限とは，援助方針を実行するための仕事の命令権です。校外専門家からしてみれば，校長や教頭らは仕事についての命令権はありませんが，学校の代表者であるので，責任のある人の発言ということで，学校の提案を慎重に考慮してくれる可能性があります。
>
> 　校内についても，権限が必要になります。教師の仕事は，自由裁量が多い仕事です。例えば家庭との連携について，家庭訪問がよいのか，電話がよいのかは教師にまかされているところがあります。自由裁量が多いために，対応が手遅れになることもあります。教師の仕事は，自由裁量があるため，場合によっては，自分以外の人に援助チームに入って貰うためや，援助方針を実行するために，権限が必要になります。

第6回チーム会議
（コーディネーター・担任・養護教諭，X年10月第4週）
　コーディネーターは，「D子は学校や担任との関係がきれると寂しいと思う」と説明した。担任からは，休学中の家庭訪問が説明された。その後，職員会議では担任から「休学中であるが，D子の登校について認めてほしい」と説明された。そして，D子は担任のところへ来談し，親しい友人とともに部活動にも参加した。

コーディネーターによる父母面接（X年11月）
　母親からD子の自立の重要性が述べられた。
　その後，D子は外食や夜の外出ができるようになったなど，日常生活を送るうえで，不安が軽減されたことが報告された。
　D子は，保健室登校をし始めた。3年生では，徐々にクラスにもどることができ，卒業していった。

X+2年　D子面接　フォローアップ
（親しい友人も同席した）
　D子は，高校に進級して，しだいに安定していった。さらに，アルバイトを始めて，スタッフをまとめる係となった。D子は「仕事を任されていて，学校と仕事で忙しい」と言い，親しい友人は「D子が学校に来ていないときメールを入れたが，それはよかったのか。今でもD子の家に遊びに行く。D子と家族はいつも一緒，あのときは空回りしていたように感じた。担任は一生懸命だったけど頼りなく見えた。D子はアルバイト先であてにされている。学校と仕事を頑張っている。私も頑張ろうと思う」と，発言した。コーディネーターは「D子は寂しがり屋だから，メールを入れたことはうれしかったと思うよ」と述べた。

D子への危機回避と変化
　母と子は，強い愛着で結びついていた。青年期は，第二次性徴にともなって心身ともに大きく変化するときである。第二次性徴がパニック症を起こすきっかけとなった可能性がある。パニック症の診断を受けたD子と母親は，心理的に分離できなかった。母親のうつ病発症という負荷が大きく，担任と養護教諭という移行対象はD子の安全基地として不充分であった。担任と養護教諭の，登校時に迎えに行く援助や手紙での交流で母親の自殺への心配を抑えることは，できなかった。D子は，不安をより強くしていた。医師の治療が行われたことによって，D子の不安は軽減された。また，父親もD子の不安の要因について理解を示し，D子と母親との心理的な距離の配慮ができるようであった。そして，外食や夜の外出ができるようになったなど，日常生活にも変化が見られるようになった（事例については，石川（2015）を改変）。

13-02 復　習

※復習問題
①個別援助と校内外のチーム援助の違いを話し合ってください。
②教師のなかには、「自分はこんなに生徒をよくした、あの先生はできない」など発言する方がいます。この発言について話し合ってください。

コラム：児童生徒の心の健康に関する問題

表13-1に心の健康に関する項目を『生徒指導提要』（文部科学省，2011）から抽出しました。発達障がいは、児童・青年期において、医学的にも重要なテーマです。これについは、章立てをしていますので、ここでは省いています。

心の健康に対しては、上記のほかにもさまざまな問題があります。医学の専門家との協力が必要です。教師は、早期発見ができる立場です。また、スクール・カウンセラーや養護教諭も専門家です。協力しながら、保護者との連携、専門機関の紹介などの対応が必要です。

表13-1　生徒指導提要に挙げられた心の健康事項

統合失調症（中学生後半より発症）
うつ病
摂食障害（拒食過食）
神経症（対人恐怖症）
青年期境界例
自殺（高校生が多いとされていますが、小学生もいます）
不登校
自傷行為
抑うつ傾向（中学生の20%が傾向有）
無気力，孤立，かん黙，不安
頻尿，頭痛，下痢，食欲がない

[導入問題のヒント] 教師として困難をかかえた児童生徒を援助するために

困難をかかえた児童生徒をうけもつ担任は、どうしたらよいのでしょうか。児童生徒の問題が、貧困・家族・病気の問題など、あまりにも自分の経験や、専門から離れている場合、まず担任は、学年主任や管理職に相談します。いじめ防止委員会、生徒指導委員会、不登校委員会、特別支援教育委員会などで報告し、審議する方法もあります。しかし、委員会の開設まで待てない場合があります。また、よいアイディアがでればよいのですが、でなければ時間ばかりかかり、目の前にいる児童生徒はますます困難さを増し、担任も疲弊します。

専門家がいない場合でも、児童生徒をなげださず無理のない範囲でかかわりを持ちましょう。不登校の経過と効果的な指導（☞93頁）を参考にしてください。

［復習問題①のヒント］

［1］**発達と問題行動**　一般的に小中高校と発達が進むほど，児童生徒の問題行動が深刻になります。小学校の場合，児童の友人関係や担任や保護者の支援のみで，困難をかかえた児童を援助することができます。しかし，青年期になると深刻な問題が生じる場合がありますし，精神病理の発症時期とも重なります。したがって，援助のためには専門性が必要とされます。対応に困ったときは学年主任およびスクール・カウンセラーに相談しましょう。虐待やいじめの場合は，早期の学校の組織的な対応が必要になります。小学校でも学年主任，管理職に相談しましょう。いち早く対応することによって深刻化を防ぐことができることがあります。

［2］**個別援助とチーム援助**　担任の個別援助では，援助の専門性が低い場合，児童生徒の援助に限界があります。11章のいじめ自殺の判例で明らかになったように，一人の教師だけでは問題の予見ができません。しかし，チーム援助に専門性の高い人が参加していれば，適切な援助を行うことができます。また，権限をもった教師がチームにいれば，校外専門家に対しても学校の方針を明確に伝えることができます。担任は，まず学年主任に，そして管理職に相談しましょう。コーディネーターが行った直接介入やアセスメントの役割は，スクール・カウンセラーの活用によって，分担が可能です。チーム援助の欠点として，チーム会議に長時間かかることが挙げられますが，よりよい援助のために意見を出し合うことは大切です。会議も，援助と同様にチームで協力し合って進めたいものです。

［3］**学校における権限**　学校では，校長，教頭，主任の順に権限があります。権限には責任が伴います。些細なことでも，報告しておくことが重要です。学校でも，ほう（報告），れん（連絡），そう（相談）が求められています。

［4］**援助のための専門性とコーディネーターの条件**　チーム援助を行うためには，コーディネーターが必要です。チーム援助を促進する人です。では，コーディネーターになり得る人はどのような人でしょうか。石川（2008）の調査では，学校教育臨床系大学院2年修了もしくは大学院の長期研修1年終了後で，かつ相談活動の実務を3年以上経験したものがコーディネーターに適していることが明らかになりました。スクール・カウンセラーでも可能ですが，できれば，校内の事情に精通し，連携や援助のタイミングをみることのできる常勤が望ましいです。現在，専門職大学院が充実しており，教師の大学院での長期研修制度は，すでに学校行政のなかで確立しています。つまり教師は，学校で相談業務を行い，教師の時間割の工夫と調整によって学校に勤めながら研修時間を確保していくことも可能です。

［復習問題②のヒント］

「自分はこんなに生徒をよくした，あの先生はできない」，また，「自分はできる。あの先生はできない」という発言は，チーム援助を形成しにくい雰囲気をつくります。なにより，人格や能力を否定する発言ですので，パワーハラスメントにもつながります。

【引用・参考文献】

石川美智子（2008）．高校における相談活動の課題とコーディネーターの役割─中高の相談活動に関する先行研究の概観と高校教育相談係の調査より　名古屋大学大学院教育発達科学研究科紀要 55, 15-25.

石川美智子（2015）．高校相談活動におけるコーディネーターとしての教師の役割─その可能性と課題　ミネルヴァ書房

文部科学省（2011）．生徒指導提要

14 教師以外の専門家の活用と連携

> ✣本時のねらい
> 1 困難をかかえた保護者の校外専門家への引き継ぎ方法を理解する。
> 2 困難をかかえた児童生徒・保護者を援助する専門機関を知る。

> ❀導入問題
> ❶困難をかかえた児童生徒・保護者を援助する専門家・専門機関には何があるでしょう？
> ❷困っているけれど，問題の主な原因が理解できず課題解決の道筋まで至らない保護者がいます。困難をかかえた保護者を，どのようにしたら校外専門家へ引き継ぐことができるか話し合ってください。

14-01 事例紹介

教師は学習支援の専門家です。困難をかかえた児童生徒の問題は多様で複雑なことがあります。その場合，多様な専門家に引き継ぎ，適切な援助を受けられるようにすることが必要です。そのためには，どのように，教師以外の専門家を紹介したらよいか以下の事例を通して，検討してみたいと思います。

事例紹介
・対象生徒とその概要
校内援助体制：担任（経験10年），教育相談担当教師（相談経験3年，大学院で1年学校教育臨床の研修経験有り，コーディネーターの役割ももっている），スクール・カウンセラー無配置，養護教諭（経験10年）
対象生徒：B男（高校1年生）
B男の家族構成：父（40代）派遣社員，母（40代）パート勤務，B男，
B男の問題の概要：不登校，夜遊び
B男の状態：中学校まで成績上位であった。高校の入学時は中位であったが，1学期後半より成績が下がり始め，下位になった。中学校3年間の欠席は5日であった。高校1年12月の時点での欠席は36日であった。とくに1学期後半より多くな

った。性格は刺激に反応して行動しやすいタイプで，服装指導の際，教師が髪型とピアスを注意すると興奮し暴れた。

校外専門機関とのコーディネートの経過

校外相談機関とカウンセラー：近隣の公立の相談機関であった。情緒的な問題や学校，家庭教育の問題を専門としていた。相談料は無料である。コーディネーターが母親に紹介した。

学校と校外専門家の連携

コーディネーターが窓口となり直接連携した。コーディネーターは，B男の進級に伴い担任が替わったときなどに母子それぞれのカウンセラーと連携を行った。

援助の期間と校内情報共有

学校での直接援助：X年1月～X年3月

学校とカウンセラーとの連携：X年3月～X+2年3月

校内情報共有：校内外チーム援助の内容は，毎週相談係会を通して，議事録として担任・学年主任・管理職に回覧されている。

コーディネーター援助までの経過

管理職も含む不登校委員会で，学年主任は「B男の母親から『子どもが不登校状態なのは，学校の服装指導や学習指導が厳しいからだ』という苦情があったと担任より報告を受けた」と伝えた。この時点で，コーディネーターはB男の援助を実施したいと述べた。会議で了承された。

B男のアセスメントと方針は事例の経過の中で記す。

14-02 事例経過

(1) 対象生徒とその概要

事例の経過について3期に分けました。第1期はアセスメントによって校内援助体制を整えた時期，第2期はコーディネーション活動によって役割分担をした時期，第3期はコーディネーターの面接によって，B男が内的整理をした時期です。

(1) 第1期：アセスメントによって校内援助体制を整えた時期

第1回コーディネーターによるB男面接（1月12日）

たまたま登校してきたB男にコーディネーターが声をかけると，そのまま相談室での相談が始まった。B男は「夕方，アルバイトをしている。アルバイトをし始めてから，成績不振科目が減った」と話した。また，継続面接の承諾をした。

母親から，担任の先生に話したいことがあると電話連絡が入る。

work

問題1　あなたがB男の担任ならばどんな気持ちになりますか。
問題2　あなたがB男の担任ならばどうしますか。

メモ：
_____
_____
_____
_____
_____
_____
_____
_____
_____
_____
_____
_____

担任からコーディネーターに同席してほしいと依頼が入った。

第1回母親・B男・担任・コーディネーターの合同面接（1月15日）
　B男はなにも言えず，母親から最初に口火を切った。「せっかくB男が登校したのに，服装を指導されました。家で私はB男の話を聞き，やっと落ち着いてきたと思ったのに。B男も私も大学に進学したいと思い，この学校に入学した」と話した。途中，B男も母親も下を向いて黙って泣いていた。担任は「よく話しに来てくれた」と労をねぎらった。コーディネーターが「心配で先のことをいろいろ考えて，学校に来ることができないのかな」と話すと，B男は頷いた。さらにB男は，「このまま2年生になっても勉強についていけなければ大学進学が難しいと思う。今わからないところを，自分で勉強してわかるようになった方がいいのか考えている」と気持ちを述べた。さらに，母親は「授業中にある先生がB男に，学校に来るなら授業をしっかり受けろ。おれは給料泥棒じゃあないぞと言った」と述べた。担任は「B男はそのことをどう思う」と投げかけた。B男は「自分の結論がないと学校に来ることができないと思った。みんなはどう考えているのか知りたい」と述べ，担任は「考えるきっかけになったんだね。いろいろな先生にも意見が聞けるといいね」と言った。最後に「お母さんもB男も，しっかり食べて寝てね」と言うと，コーディネーターも同調する言葉を言い，さらに，みんなに会いに来なさいと声をかけた。

work

問題3　第1回 母親・B男・担任・コーディネーターの合同面接での，教師の対応を検討してください。また，あなたが考えていた対応との違いを話し合ってください。

メモ：

第2回母親・B男・担任・コーディネーターの合同面接（1月30日）

担任より，学校に来て視野を広げることが大切であると話す。母親は「B男は先日先生に言いたいことを言って，すっきりしたみたいです。でもなかなか動こうとしなくて，学校の先生に相談しなさいと言っても行かなくて」と様子を話した。母親と担任が廊下で話している間，B男はコーディネーターの了解を得て，携帯電話でアルバイト先に遅れることを連絡した。それを見て，コーディネーターが「アルバイトはどうして始めたの」と聞くと，B男は「学校に行かなかったらどういう生活になるだろうと思って始めた。母さんは別に悪いと思っていない。むしろ役立つと思っている。高校生が一番いい，自由で」と言った。コーディネーターが「母さんはあなたを叱らないの」と質問すると，B男は「母さんは共働きをしていて引け目があるみたい」と言った。コーディネーターは「B男君はそのことどう思うの」と聞くと，「母さんは叱らないけど顔に出ている。言いたいことがあれば言ってほしい。お父さんは転職を繰り返していて何もいえない」と答えた。

第2〜5回コーディネーターによるB男面接（1月19日〜2月9日）

アルバイト先での友人関係や夜遊びの話がされた。「アルバイトを辞めさせられたら，また見つけてやる」，「母さんはみつからなければいいと思っている」，「父親が仕事を転々としている」と述べた。

第6回コーディネーターによるB男面接（2月15日）

アルバイト先に，偶然高校の先生が買い物に来ていた。B男は「見つかったかもしれない」と言った。さらに，B男は「そうなったら僕は特別指導になる。1学期いろいろ事件があった」と言い，コーディネーターは事件について具体的に聞いた。B男は「初めて女子と付き合ったが，その子を好きな先輩がいた。その先輩は，その子と僕が付き合うことをすごい怒って，その子からもらった大切なストラップのひもを切った。そして，先輩から『別れろ』と言われた。その子との関係は，自然消滅した。母さんはそのことを知らない」と興奮し始める。アルバイトについて，両親とコーディネーターが話し合うことについて了解をとった。

第1回チーム会議 担任・学年主任とコーディネーター（2月16日）

翌日，コーディネーターから担任・学年主任へ，B男がアルバイトをしていて生活のリズムが乱れていると報告した。そのうえで，生徒と保護者のニーズを伝え，保護者面接の目的と必要性を述べた。「B男は大学進学を目標にしている。家庭の役割は生活を整えることであり，B男の進学のために生活のリズムをつくって遅刻や欠席を減らすことを親と話し合う必要がある」と提案し，担任は了承した。さらに，コーディネーターは，保護者面接での教師とコーディネーターの役割分担と，家庭を長期的に支援するための校外専門家の必要性を説明した。具体的には「担任と保護者の信頼関係を維持するために，担任はほめる役割をしてほしい。さらに，学年主任は進学のための勉強の大変さ，非行や不登校になる生徒の特徴などを話してほしい。アルバイトについて，他の教師は知らないことになっているので，担任や学年主任，B男の同席がないところで，コーディネーターが，親の役割である生活のリズムを整えるための具体的な方法を親と話し合うことにする。また，家庭の問題もあるので，外部の専門機関に引き継ぐことを親に提案する」と述べた。コーディネーターは，家庭の養育機能低下の要因に夫婦の問題を考え，「この話し合いには父親も必要なので，父親にも来校してもらいたい」と説明した。

担任は，教育相談係と生徒指導部の指導に矛盾がおきると説明した。校内が混乱しないために，校長の判断の必要性を指摘した。「アルバイトをしている生徒に対して，生徒指導部のルールでは特別指導がある。特別指導になればおそらくますます夜遊びがひどくなり，学校は続かないと思うので，校長の判断も必要になると思う」と説明した。そして，担任・学年主任とコーディネーターが管理職に報告に行った。

第2回チーム会議 担任・学年主任・コーディネーター・校長・教頭（2月17日）

担任から概略が話された。それを受け，校長はアルバイトの処分より生徒を学校に帰すことの方が重要であると説明し，一刻も早く学校に戻す指導をしないと手遅れになることを心配した。

[問題3のヒント] 教師の受容・共感の態度

学校に無断で不登校生徒にアルバイトをさせることからは，家庭の養育機能上の問題が考えられます。教師として，不登校の生徒の保護者に対して，家庭の問題を指摘したくなるはずです。しかし，家庭の問題を指摘しても，養育機能が改善される可能性は低いと思います。保護者は，それを指摘されるために学校に来ているのではないからです。B男の個人情報の開示の承諾も，まだ得ていません。ここでは，まず信頼関係をつくるために，話を聞き相手を気遣います。もちろん，家庭の養育機能を指摘してうまくいく場合もあるでしょう。筆者は，保護者とうまくいかなくなるリスクより，時間がかかるかもしれませんが，先に信頼関係をつくることを選びました。

work

問題4　第1回と第2回のチーム会議における教師役割分担とそのねらいについて，話し合ってください。

問題5　校長が生徒指導部のルールを優先した場合の長所・短所を考えましょう（この学校では，無断アルバイトは，1週間以上の家庭謹慎等）。

問題6　校長が生徒指導部と担任が直接話し合うと判断した場合の長所・短所を話し合いましょう。

メモ：

［問題4のヒント］校内チーム援助とそのねらい

①B男と保護者のニーズを尊重しながら，役割分担をしています。そして，②保護者に恥をかかせないように，担任や学年主任のいないところで，家庭の養育機能の問題を明らかにするという配慮もしました。③担任と保護者の関係を大切にするために役割分担は重要です。自分の子どもが教師たちの前でほめられて嫌な気持ちになる保護者はいません。④学習指導・生徒指導の一般論は，専門家である学年主任に依頼しました。

(2) 第2期：コーディネーション活動によって，役割分担をした時期

担任が，母親に父親の参加を求める電話を入れ，了解をとった。

第3回担任・学年主任・母親・父親・コーディネーターの合同面接（2月20日）

担任が今までの家庭の労をねぎらう話をした。そのうえで，このまま学校に来ないと進級が難しいことを説明した。さらに，B男の前向きな姿勢をほめた。学年主任からは大学受験のための勉強の特徴と，そのための注意点を話した。学年主任が退席すると母親は，今までこんなことはなかったと泣き始めた。コーディネーターは，母親に共感するよりも，B男のために養育の問題を明らかにする必要があると強く考えた。コーディネーターは「学校は学習面では，丁寧にやっていくつもりです。ご家庭でのB男君の生活は」と述べた。父親は「子育ては妻に任せている。クラスの様子は」と質問した。担任は，クラスメートはB男を待ってノートを順番に書いたり，登校したときには声をかけたりしているとクラスの状況を話した。さらに，父親は「私は，B男が甘えているとつい思ってしまう」と話した。担任が退席したのち，母親は「不登校になり，閉じこもることを心配し，アルバイトをさせました。服装指導の件がなければ学校にもどれたのに……」と言って泣いた。コーディネーターは「アルバイト先がB男君の居場所になっています。夜遊びをしていたら学校にもどることが難しいと思います」と述べた。さらに，コーディネーターは「B男君は，お母さんに怒ってもらいたいみたいです」と言葉を添えた。

翌日，母親から担任へ電話が入り，コーディネーターに相談したいことがあるので，電話番号を教えてほしいということだった。折り返しコーディネーターが電話をかけると，母親は「B男の手首に傷があったので，相談にのってほしい」と言った。コーディネーターは「『どうしたの』と直接聞いてみてください。また，カッターなどを目につくところに置かないでください。隠して持っている場合があると思いますが，親が心配していることが，自然に伝わればいいと思います」と説明した。さらに，母親は「B男はなにを先生に話しているのですか」と質問し，コーディネーターは「B男君の了解が必要です。今のところお話できません。B男君なら，聞けば素直に話すと思います」と答えた。母親は夫が子どもの教育についてあてにならないことを話した。コーディネーターは，直接会って話した方がよいと提案し，母親は了解した。

コーディネーターは，今までの過程からアセスメントと援助方針を決める。

B男のアセスメントと方針：B男の不登校の要因には，母親が述べているように学習指導や服装指導に対する不適応があった。さらに，両親のコミュニケーション不足から，不安定なB男に適切な対応が行われておらず，夜遊びが生じていたと思われる。援助方針としては，B男と母親に心理面の専門的な援助を継続的に行うために，校外カウンセラーを紹介することとした。

第4回母親・コーディネーターの面接（2月26日）

母親からB男がアルバイトを辞めたことや，もう夜遊びしていないと思うという状況が話された。コーディネーターは「まだ，高校1年生です。B男君もお母様も，教師に話しづらいことがあると思います。この公立相談室ならば教師に話しづらいこともカウンセラーが，しっかり話を聞いてくれます」と提案すると母親は了解した。コーディネーターが学校とカウンセラーの連携の許可をお願いすると，母親は承諾した。

(3) 第3期：コーディネーターの面接によってB男が内的整理をした時期

> 第7～9回　コーディネーターによるB男面接（2月23日～3月2日）
> 　B男は新しいストラップをさわりながら，女子生徒との思い出と別れ，進級に向けての決意を話した。
> 　その後，B男の欠席は徐々に少なくなり，進級した。B男は時々混乱することもあったが，カウンセラーによる母親とB男の面接は，B男の高校卒業後も継続した。コーディネーターは，B男の進級に伴い担任が替わったときなどにカウンセラーと連携した。コーディネーターは，各学年の担任と，母親とB男のカウンセラーに「大きな変化はありません」という言葉を伝えた。すると，2人のカウンセラーと担任は「ありがとうございます」と述べた。

(4) 事例の考察

　B男の家庭は，経済的には不安定な部分があったと推測されます。そのためB男の大学進学は，母親の心の支えであったと考えられます。また，転職を繰り返す父親は，家庭において発言力がなかったのではないでしょうか。そのような家庭環境で，母子が密着状態でした。B男は大学進学への不安や経済的な不安のために，不適応状態になっていたようです。そして，失恋が不登校の主要因となっていました。

　コーディネーターの面接を通して，B男は女子生徒との別れを整理できました。また，コーディネーターによる父母の合同面接により，母親は大学進学のためにB男の生活を整えることができるようになりました。そしてB男はアルバイトを辞め，生活のリズムを整え不登校が徐々になくなっていきました。母子密着の問題については，カウンセラーの援助に引き継がれました（事例については，石川（2015）を改変）。

14-03　復習

❖復習問題
●学校に苦情を言う保護者を専門機関に引き継ぐためには，どのような工夫が必要でしょうか。

コラム：教師以外の専門家への引き継ぎと連携

　専門機関へ来談する人の多くは，治療動機をもって来談します。しかし，学校の相談活動は，明確な問題意識がない場合が多いのです。欠席遅刻早退がきっかけで，親が学校に相談することはよくあります。まずは，保護者が学校と信頼関係でつながることが重要です。

　担任からの，労をねぎらい，体を気遣う話は信頼関係を築くきっかけになると思います。学校にスクール・カウンセラーが来校していれば，比較的簡単に引き継ぐことができると思います。

　学校にスクール・カウンセラーがきていない場合は，校外専門家になります。その場合は管理職に相談します。校長や教頭といった権限のある教師が保護者に校外専門家を紹介することが一般的です。しかし，管理職が受けない場合もあります。教師は，校外専門家を紹介する訓練を受けていないのです。我が国の教師がおかれている現状です。

　田村（2008）は，心理的に揺れている時期の保護者は，教師やスクール・カウンセラーなどの援助活動の成果を認識しづらいと報告しています。校外専門家を紹介することは，保護者によっては，たらい回しにされた，病人扱いされたと受け止める人もいます。したがって，紹介する際には配慮が必要となります。児童生徒と保護者のニーズを明確にして，「お子様のためにも，専門家による福祉・医療・心理の力を借りましょう」，もっと具体的に，校外専門家の援助の特徴がわかるように「お子様のためにも，眠れるように薬の力を」，「お母さんの立場になって一緒に考えてくれる人」といったかたちで声をかけてみましょう。保護者の問題意識を形成して，建設的になるようにすることが大切です。

　そして，保護者が見捨てられたという不安をもたないためにも，「お子様が学校生活をしやすくなるように，専門機関と連携させてください」と声をかけてください。学校が校外専門家と継続的に連携することにより，担任らの専門性を活かした援助を，タイミングよく児童生徒に行うことができます。

【引用・参考文献】

石川美智子（2015）．高校相談活動におけるコーディネーターとしての教師の役割—その可能性と課題　ミネルヴァ書房

田村節子（2008）．親が援助チームのパートナーとなるためには，援助チームメンバーはどのようなかかわりが有効か　学校心理学研究 8, 13-17.

文部科学省（2011）．生徒指導提要

資料 14-1　事例別校外専門機関参考一覧例

事例		校外専門機関				
		教育関係	司法関係	福祉関係	保健医療関係	その他
1	授業妨害	教育委員会 補助指導員またはTTの申請 SC・SSW・公立相談室				
2	保護者と母国語が異なる為に学習困難	通級指導教室　補助指導員またはTTの申請 SC・SSW・公立相談室		児童相談所 民生委員・児童委員		
3	妊娠・中絶の予防	SC・SSW・公立相談室		保健所の保健師	産婦人科医	
4	自殺未遂	SC・SSW・公立相談室		保健所	精神科医	
5	発達障害	SC・SSW・公立相談室		発達障害支援センター	児童精神科医 医療ソーシャルワーカー 就労については発達障害JOBセンター	
6	いじめ・暴力	教育委員会 SC・SSW・公立相談室・スクールサポーター	警察・少年サポートセンター 家庭裁判所 少年鑑別所　保護司	児童相談所 民生委員・児童委員		PTA
7	ネットいじめ	SC・SSW・公立相談室・スクールサポーター	警察（サイバー犯罪相談窓口）			PTA
8	シンナー薬物乱用	SC・SSW・公立相談室・スクールサポーター	警察・少年サポートセンター			青少年健全育成連絡協議会 少年補導センター 販売業者
9	虞犯少年	SC・SSW・公立相談室・スクールサポーター	警察・少年サポートセンター 家庭裁判所	児童相談所		

TT：二人以上の先生が教えること／SC：スクール・カウンセラー（学校の相談業務を行う心理の専門家で，教師や保護者に助言も行う人）／SSW：スクール・ソーシャルワーカー（家庭や行政，福祉関係施設など，外部機関と連携しながら，子どもを取り巻く環境を調整する人）／スクール・サポーター（学校と警察をつなぐ役割の人）／虞犯少年：将来法に触れる行為をするおそれがある少年

表 専門機関のスタッフと内容 (文部科学省, 2011)

専門機関名	主なスタッフ	内容
教育委員会	指導主事, 職員, 臨床心理士, 社会福祉士, 精神保健福祉士	教育課程, 学習指導, 生徒指導に関する相談・指導・助言, 法的な助言
教育相談センター 教育相談所 教育研究所 教育相談機関	相談員, 臨床心理士, 医師, 社会福祉士, 精神保健福祉士	性格, 行動, 心身障害, 学校生活, 家庭生活等の教育に関する相談
教育支援センター (適応指導教室)	指導員, 相談員, 臨床心理士, 社会福祉士, 精神保健福祉士	不登校児童生徒の学校復帰への支援
発達障害者支援センター	相談員, 指導員	発達障がいに関する相談・生活支援
特別支援学校 (センター的機能)	教員	障害全般に関する相談・学校支援
市町村	社会福祉主事, 母子相談員, 家庭相談員, 臨床心理士, 保育士	児童福祉法に基づき, 児童等の福祉に関し, 情報提供, 相談対応, 調査, 指導を行う第一義的な窓口である。 児童相談所とともに, 児童虐待の通告先となっている。
学校医を含む病院等の医療機関	児童指導員, 保育士, 心理療法担当職員, 家庭支援専門相談員	心身の疾病に関する相談・診断・予防・治療
保健所 保健センター 保健福祉センター	医師, 保健師, 看護師, 精神保健福祉士, 臨床心理士, 相談員	地域保健法に基づき, 各都道府県・指定都市・中核市に設置。主な業務は, 栄養の改善及び食品衛生に関する事項, 医事及び薬事に関する事項, 保健師に関する事項, 母性及び乳幼児並びに老人の保健に関する事項, 歯科保健に関する事項, 精神保健に関する事項, エイズ, 結核, 性病, 感染症その他の疾病の予防に関する事項, その他地域住民の健康の保持及び増進に関する事項等
精神科クリニック	医師, 看護師, 精神保健福祉士, 臨床心理士	神経症や精神的疾患に関する相談・予防・治療
総合病院の精神科	医師, 看護師, 精神保健福祉士, 臨床心理士	身体的な症状も含めての神経症や精神的疾患に関する相談・予防・治療
精神科病院	医師, 看護師, 精神保健福祉士, 臨床心理士	入院等も含めての精神的疾患に関する相談・予防・治療
精神保健福祉センター	精神科医, 臨床心理技術者, 精神科ソーシャルワーカー, 保健師	精神保健福祉法に基づき, 各都道府県・指定都市に設置。主な業務は, 精神保健に関する相談, 人材育成, 普及啓発, 調査研究, 精神医療審査会の審査に関する事務等

専門機関名	主なスタッフ	内容
児童相談所	医師，児童福祉司，児童心理司，児童指導員	児童福祉法に基づき，各都道府県・指定都市等に設置。18歳未満の子どもに関する様々な相談（養護相談，育成相談，非行相談，障害相談等）に対応。都道府県によっては，その規模などに応じ複数の児童相談所及びその支所を設置。主な業務は，児童福祉司や児童心理司が保護者や関係者から子どもに関する相談に応じ，子どもや家庭について必要な心理判定や調査を実施し指導を行う。行動観察や緊急保護のために一時保護の制度もある。
児童自立支援施設	児童自立支援専門員，児童生活支援員，心理療法担当職員，家庭支援専門相談員	不良行為を行ったりそのおそれがあり，また生活指導の必要な児童に対し，入所や通所させて，個々の状況に応じた自立支援を行う施設
児童養護施設	児童相談員，心理療法担当職員，家庭支援専門相談委員	保護者のいない児童，虐待されている児童その他環境上養護を要する児童を対象とした入所施設
情緒障害児短期治療施設	医師，心理療法担当職員，児童指導員，保育士	軽度の情緒障害を有する児童の治療を行う入所及び通所治療施設
児童家庭支援センター	相談員，心理療法担当職員	地域の子ども家庭の福祉に関する相談機関
福祉事務所	社会福祉主事，相談員	生活保護や子ども家庭等の福祉に関する相談，保護施設の機関
民生委員・児童委員，主任児童委員	民生委員・児童委員，主任児童委員	厚生労働大臣の委嘱を受け地域住民の保護，保健・福祉に関する援助・指導等を行う。児童虐待の通告の仲介も行う。
警察	警察官，相談員，少年補導職員	非行少年の補導・保護・検挙・捜査・少年相談の受理を行う。
少年サポートセンター	少年補導職員，警察官，相談員	警察の設置するセンターであり，子どもの非行，問題行動，しつけ，犯罪被害に関する相談を行う。
家庭裁判所	裁判官，家裁調査官，書記官	非行少年についての調査，審判を行うほか，親権や養育等の親子親族に関する家事調停や審判も行う。
少年鑑別所	法務教官，法務技官	法務省の施設であり，観護措置決定を受けた少年の収容，資質鑑別を行う。
保護観察所	保護観察官，保護司	法務省の機関であり，保護観察処分を受けた少年，少年院を仮退院した少年等に対し，社会内で指導・助言を行う。
少年院	法務教官	法務省の施設であり，少年院送致となった少年を収容し，矯正教育を実施
大学などの相談室	医師，臨床心理士，相談員	家庭，教育や心理に関する相談
電話相談	ボランティア相談員	電話での相談，自殺予防の相談

備考
- 早期に出身園小中学校から情報を集めることも援助のためには必要です。
- 教師は1年単位の援助ですが,校外専門機関は長期の援助が可能ですので,結果的には,効果的な援助となります。
- 多くの公立相談室には臨床心理士がいます。臨床心理士の心理面接による援助は安定化を促します。
- ソーシャルワーカー(SW)は,困難をかかえた児童生徒・保護者を多様な専門機関につなぐ訓練も受けています。
- スクール・カウンセラー(SC)やスクール・ソーシャルワーカー(SSW)は,ほとんどが非常勤です。校内でコーディネーター担当者(教頭・養護教諭・生徒指導主事・教育相談担当教師等)を育成することも重要です。
- PTAの協力を得て,教師と保護者が予防対応をすることも効果的です。
- PTA・校外専門機関とつなぐには,校長の決裁が必要です。つまり,開かれた学校を形成するには,校長のリーダーシップが必要となります。

15 学校における危機対応

❖本時のねらい
1　学校におけるチーム援助の条件を理解する。
2　学校における自殺未遂の対応を理解する。

❖導入問題
●下記の事例の対応の課題とその背景を考えましょう。

【事例1】
　事例の概要：Aの自殺未遂と薬の譲渡
　校内相談体制：教育相談担当教師（相談経験3年，大学院で1年学校教育臨床の研修経験有，コーディネーターも行う），養護教諭（経験10年目），スクール・カウンセラー無配置

経過
　Bが保健室に助けを求めて来室した。Bは3日前友人のAといっしょにいたが，「もう会えないかもしれない」と別れ際に言われたこと，連絡がとれないこと，自分もAからもらった薬を10錠飲み体調を悪くしたことを説明する。養護教諭は，担任・学年主任に報告するが，担任・学年主任は動こうとしない。養護教諭は，相談係会（教頭，保健厚生部主任，学年相談係兼副主任，養護教諭）を開くことにする。学年主任は，「部活の県大会が近いのに二人のために時間をとられるなんて」と言いながら遅刻してくる。担任は，「本人が言っていることではないのであてにならない」と言う。学年主任は，教育相談担当教師中心にと押しつけてくる。結局援助方針は，養護教諭が大学の臨床心理士と県の精神科医に相談し，助言を得ることになる。その後，校長室で養護教諭の報告を聞き，方針を決める。①生死にかかわることで，学校が知っていて保護者が知らないと，なにかあって裁判になると学校の責任が問われること，②担任を中心に動くことが確認された。担任と養護教諭がAと面接すると，Aは「親に言うならもう一度薬を飲む。死んでやる」と言う。しばらくすると，B家からAを預かっていると連絡が入る。AはB家から「A家の虐待の可能性で児童相談所（以下児相）に相談に行くこと」を勧められた。その件で，児相心理士が来校する。校長室を借りようとするが，校長は断る。児相心理士は自殺予防のために医師と連携をとること，Aの希望を学校が受け入れてほしいこと，お金は児相が何とかすること，虐待は今調査中であるということを伝える。教育相談担当教師はAの飲んだ薬名と，Aが友人にも薬を渡していることを伝え，Aの薬の管理を学校で行うことを提案する。しかし，「Aの希望を優先に」と却下される。学年主任は「気楽にいこう。なにかあったら児相の責任になる」と言う。この状態がしばらく続いた。結果的に虐待は認定されず，児相の援助は終結する。教育相談担当教師は，Aの体調をみて，守秘義務を守れないことを前提に面接を行う。Aは家庭・学校生活のつらさ，勉強が手につかないことを話し「高校の推薦をほしい」と言う。教育相談担当教師は，担任・学年主任にAをつなぐ。新年度を迎え，Aは3年生に進級する。
　校長は，①生徒指導・教育相談委員会の個人名が掲

> 載された書式を変え，生徒の状況がわからないようにし，②相談係会の長を保健厚生部主任にして，③相談係会を月1回にする。しかし，保健厚生部主任は相談係会をまったく開かない。9月，教育相談担当教師は校長に呼ばれ，Aグループのことで，相談係会を開いてほしいと依頼される。教育相談担当教師は，生徒の命にかかわるため，保健厚生部主任にお願いすることを約束する。しかし，相談係会は開かれない。10月，学年主任に言われて，Aが教育相談担当教師のところに来る。教育相談担当教師はAの様子をみて，医者との連携の了解をとる。そして，新しい担任はAの父親に承諾を依頼するが，父親は「Aに直接とってほしい」と言う。医師との連携について，担任は学校の了解をとる。教育相談担当教師は，医師に自殺未遂をした薬はAが直接購入をした薬で，医師の処方とは別の薬を飲んでいること，直接購入した薬は自殺可能な薬であることを説明する。医師はあわてた様子を見せる。Aとそのグループはそれぞれ希望の学校に合格し，卒業する。その間，Aは何度も体調を崩し，保健室で休む。

15-01 学校危機の理解

本章では，困難をかかえた児童生徒のチーム援助のまとめとして，自殺未遂の対応事例を検討します。14章の事例では，命の危機はなかったため，タイミングを考えながら援助をしていました。しかし，本章で扱うような虐待やいじめ，自殺企図は，命にかかわります。担任が早期に校内のチーム援助を形成し専門家と連携することが重要です。

(1) 危機の意義

危機（Crisis）とは何でしょうか。いわゆる（人間の生死にかかわる）危機として，テロ，暴力や突然の死，人為災害，自然災害，重篤な病気などがあげられます。ここでは，危機を「一時的に，個人の平常の問題解決手段では解決ないし回避することが困難な，重大な問題を伴った危険な事態に直面した，個人の精神的混乱状態」（Caplan, 1959）というカプランの定義を用います。カプランは，予防精神医学，地域精神保健を確立し，心の病の予防を考えた人です。危機状態そのものは必ずしも消極的な側面だけではなく，成長促進の可能性（growth promoting potential）があるとカプランが述べているように，危機は永続的なものではなく，対応方法を誤らなければ終息に向かいます。

ただし，危機においては，思いもかけない状態がおこり，どうしたらいいか当惑することも多く，危機に直面した個人や組織が混乱し疲弊してしまう場合もあります。また，早期における適切な危機介入は，一次予防（発生予防）につながる側面をもっています。

教師は，精神科医やスクール・カウンセラーと異なり，心理面・健康面の直接の専門家ではありません。しかし教師は，学校の危機を理解し，回復への道筋を理解し支援を担う重要な一員となります。

(2) 危機対応計画の基本

適切な危機予防を行っても危機に陥る場合が出てきます。学校における火災や事故などの

一般的な危機対応には，即座に対応できるマニュアルの作成が必要です。わかりやすいものにして，教室に掲示します。学校の危機対応には，教師のみならず，職員全員がかかわってマニュアルを作成しましょう。そうすることにより，安全確保の役割や責任が特定化して，即座に実行できるようになり，組織を安定化させます。

事例のような危機においても，押しつけあうのでなく，自分の専門性を活かして適切なチーム援助を行えるように日頃から役割分担を徹底しておくことが必要です。教師にできることは，限られています。事例研究会を開いて奏功事例，困難事例を検討し，教師のできることを確認しておきましょう。

(3) スレット・エラーマネージメント

まず，危機にならないように「スレット・エラーマネジメント」が重要です。「スレット・エラーマネジメント」とは，飛行機事故を防ぐための訓練からうまれた言葉です。スレットとは，「恐れ，脅威」という意味もありますが，ここでは「危機の可能性を増す要素」をいいます。エラーとは，失策のことです。単純な思い違いや勘違いも含みます。

「リスク管理」という言葉もありますが，危機管理と同意語になりますし，リスクだけではやや漠然としてしまいますので，危機の要因を明らかにし，事前の対応や予防に重きをおくということを「スレット・エラーマネジメント」と呼ぶことにします。

しかし，スレットやエラーを完全になくすことはできません。スレット・エラーマネジメントとは，スレットやエラーに「とらわれない」ようにすることをいいます。例えば，学校の安全点検や危険箇所の削除，避難訓練・学校危機の対応マニュアルの事前作成も，チームの対人関係や協調性を高める訓練も「スレット・エラーマネジメント」だといえます。

一例を挙げてみましょう。児童生徒が何らかの理由で亡くなったとします。教師は大人ですので，平静を保ちますが，1年後の教師へのインタビューでは，「実はその児童生徒の夢を見るんだよ」「忘れられない」と語る方もおり，平静に保つことができない様子がうかがわれます。また，児童生徒の場合，「変にはしゃいだり」「沈んだり」します。このように，学校が危機に陥ると，心理面・健康面の専門家である臨床心理士や精神科医が大勢いても足りません。そこで，非専門家が援助者となります。教師はできるだけ危機に陥らないように，事前に「スレット・エラー」を予測し，予防することが重要なのです。

(4) 危機に関する心理

私たちは危機を予測する冷静な心をもっているのでしょうか。認知バイアスとは，認知心理学や社会心理学の理論から明らかになった直感や思いこみのことです。物事を判断するときに，私たちには思いこみというフィルターがかかります。ここでは，危機を客観的に捉えることができるように，思いこみである認知バイアスの代表的なものを紹介します。このような認知のバイアスを理解することにより，危機を客観的に予測できるようになると思いま

す。教師は互いに，認知バイアスに注意しあうことが大切です。

①正常化バイアス

　正常化バイアスとは，危険な事態に際して，「今回も大丈夫」と過小評価することを指します。これはいわゆる「冷静」というのとはちょっと違い，正常であってほしいというストレス回避のための心理作用です。台風のなかでも，山登りやサーフィンをする人々にみられる行動です。

②同調バイアス

　同調バイアスとは，集団の場合，周囲と同調することで，なんとなく安心することを指し

コラム：危機の認識の仕方

　Kleinhesselink & Rosa（1994）は，理解度と恐怖感の関係について研究しました。図15-1は，日米大学生のリスク（危機）認知の2因子を示したものです。米国の学生は，知っていることに対して比較的恐怖心が低く，知らないものに恐ろしさを感じる傾向にあります。一方日本の学生は，知っていることと恐怖心の相関があまりありません。別の捉え方をすれば，米国の学生は，危機に対して知的に理解しようという姿勢がみられるといえるでしょう。米国人は，知ることによって対処できると考えているのではないでしょうか。私たち日本人も，「危機に対して積極的にかかわる」姿勢が必要です。国をあげて，いじめ・虐待や自殺予防に取り組んでいるのですから，校長をはじめとした教師も，いじめ・虐待や自殺について学び，予防方法を知る必要があります。

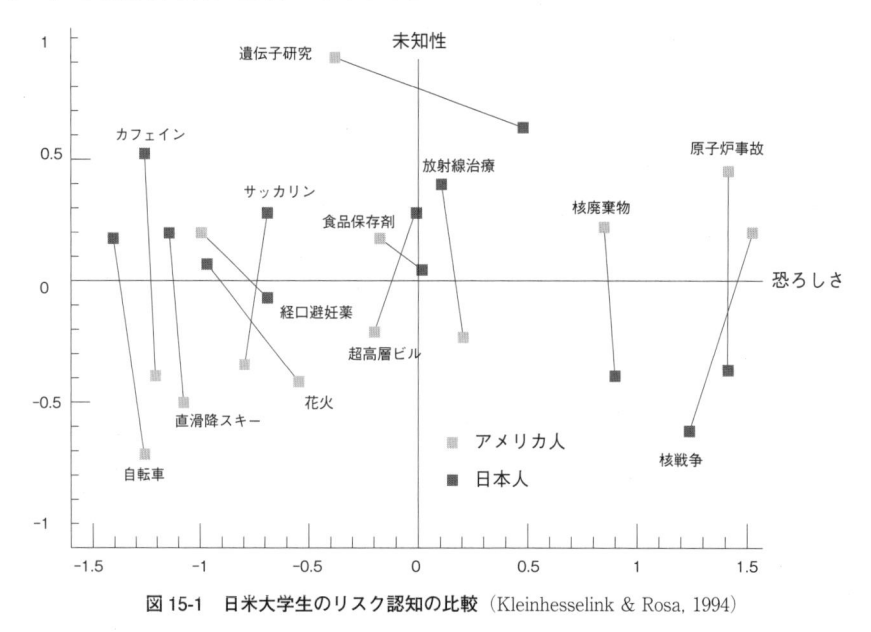

図15-1　日米大学生のリスク認知の比較（Kleinhesselink & Rosa, 1994）

③楽観主義バイアス

楽観主義バイアスとは「明るくいこう」と楽観的にみようとする傾向のことを指します。私たちにとって危険性を意識することは心理的ストレスになるため，楽観的にみることでストレスを軽減しようという無意識の作用でもあります。

④経験バイアス

経験が豊富であると，情報を解釈するうえで，過去の経験が大きく影響を及ぼします。このとき，過去の経験と現在の状況が大きく異なる場合，経験は判断を誤らせる原因となります。これを経験バイアスと呼びます。

⑤未経験バイアス

未経験であると，情報を解釈するための手がかりがありません。このため，正しい判断は非常に難しくなります。これを未経験バイアスと呼びます。したがって，事前に教師が，危機に陥ったときの児童生徒を理解するために校外専門家とチームを組むことは，学校の危機回避に有効になると思います。

⑥危機認知の「ゆがみ」

危機認知の「ゆがみ」とは，危機共有に影響を及ぼすバイアスです。危機情報は，人によって意味と深みの理解度が異なります。文化的要因，性格的要因，立場の違い，専門家バイアス，教育背景の差などによって，大きく違ってきます。地震の経験と理解がある日本人と地震の経験のない国の人では対応が異なることがありますが，それはバイアスの違いからです。

15-02　学校における自殺企図者への対応

(1) 自殺の危険因子

表15-1 に平成25年児童生徒の自殺者数を示しました（警察庁，2014）。小学生8人，中学生98人，高校生214人です。担任は子どもが追いつめられる前に，気づく必要があります。そのために自殺の危険因子を挙げます（文部科学省，2009）。

表15-1　平成25年児童生徒の自殺者数（人）(警察庁，2014)

小学生	中学生	高校生
8	98	214

①自殺未遂：自傷行為も含みます。
②心の病：うつ病や青年期に発症する統合失調症，摂食障害などが挙げられます。
③安心感のもてない家庭環境：子どもの避難場所がなく，リスクが高くなります。
④独特の性格傾向：衝動性や完璧主義などが危険因子になります。
⑤喪失体験：身近な人の死や失恋などがストレスとなります。
⑥孤立感：子どもの生活範囲は学校か家庭です。人間関係のトラブルは孤立感を生み，ストレスとなります。
⑦安全や健康を守れない傾向：子どもが突然の事故や怪我を繰り返すなど，無意識のところでサインをだしていることが考えられます。

(2) 事例から考えてみよう

下記の事例を読んで，生徒の自殺未遂という危機に対して，教師のできることを考えましょう。

【事例2】
校内相談体制：教育相談担当教師（相談経験3年，大学院で1年学校教育臨床の研修経験有り，コーディネーターの役割も担っている），養護教諭（経験10年目），スクール・カウンセラー無配置
対象生徒：C男（中学3年生）
家族構成：父（40代），母（40代），C男，弟（3歳）

経過
　C男の両親は，食事もテレビを見るのも別々で，口もきかない。C男にとって3歳の弟がいることが不思議で，弟を家族として認めることができない。弟にはやさしい母親であるが，C男が母親にいろいろ要求しても母親は相手にしない。部屋に自傷行為により赤い血のついたタオルがあるが，母親はなにも言わず毎日それを洗濯する。C男には，親しい友人がクラスに2人いた。友人2人はC家にも遊びに行っており，C男の気持ちや家族の対応を知っているため，普段から心配していた。
　C男は自傷行為を止めたいが，止めることができない。思いきって養護教諭に相談した。養護教諭は真剣に話を聞いた。養護教諭は，担任に報告した。担任は，電話で母親に「C男を怒らないでくださいね」と自傷行為のことを報告した。

work

問題1　教師がゲートキーパー（自殺企図者に対して危機回避するための重要人物）の役割を担うためには，組織としてどのような対応が必要か，考えてください。

メモ：

【事例2のその後】

翌日，C男は泣きながら保健室に行き，「母親に，泣きながら，『死にたいなら勝手に一人で死ね』と言われた」と報告した。

すぐに，担任は学年主任に依頼して，教育相談委員会（メンバー：校長，教頭，教育相談担当教師，保健主事，学年主任，担任，養護教諭）が開かれ，対応が話された。その際，自殺の危険因子も報告された。援助方針として，以下のことが決定された。

①C男と養護教諭との信頼関係を維持すること，
②C男を注意して見守ることが重要であるので，C男の友人たちと担任が人間関係をつくり，C男の状態を知るようにしておくこと，ただし，
③生徒の援助の限界とC男の友人が巻き込まれないように注意する必要があることを伝えること，
④タイミングをみて病院につなぐが，そのためには保護者を説得しなければならず，現状では難しいので，保護者が来校のおりに担任が人間関係をつくること，
⑤援助チームを安定させるために，学校の事情にくわしい大学カウンセラーの助言を受けること。

担任と養護教諭は，大学カウンセラーのところに行き，①～④と同様に助言を受ける。

その後の教育相談委員会では，担任から，家庭に依存できないC男の保健室入室は継続し，養護教諭の受容的な態度はC男との信頼関係をつくったことが報告された。また担任は，C男の友人からC男の様子を丁寧に聞いた。例えば，C男の友人がC男の家に遊びに行くと，C男が注射器で血を抜いて飛ばしているが，母親は注意しないことが話された。

担任は，保護者会のときに母親に「C男のことで，なにかあったら連絡してください」と提案する。

C男の傷が腕から胴体に移り，ますます深くなっていった。C男は思っていることを口にするのが難しいようなので，養護教諭から交換ノートの提案をしてC男も了解する。翌日の夜，C男は頭痛薬を40錠飲んで自殺未遂をする。検査を受け，5日間入院する。母親は，初めて担任へ電話で「自殺未遂」の連絡をする。担任は連絡の礼と母親の労をねぎらい，病院などの連携の承諾をとる。

緊急に，教育相談委員会が開かれる。教育相談委員会では援助方針を決める。

①校内でC男の情報を共有し，小さな変化でも管理職に報告すること，
②養護教諭はC男との信頼関係を続けること，
③病院と連携すること，
④担任はC男の希望を聞き，進路につなげること，
⑤養護教諭は再び大学カウンセラーの助言を受けること。

最後に校長は，「よろしくお願いします」と頭をさげた。

学年主任と担任は，職員会議で教育相談委員会の内容を報告し，「学校では一人にさせないようにできるだけ友人をつけるが，それでもC男が一人で行動することがあれば教師が注意してほしい」と依頼した。校長も言葉を添えた。母親，担任，養護教諭，教頭が病院へ行き，医師と連携する。医師より，養護教諭と

[問題1のヒント] 対応の留意点

①自殺のリスクの高い児童生徒は，しがみつくような依存性をもっています。担任や教師が一人で抱え込むと，振り回されて抱えきれなくなります。チーム援助を行うことで，児童生徒の否定的感情を肯定的感情に転換できる可能性があります。また，ゲートキーパーも安定します。担任は学年主任に，学年主任は管理職に報告します。学校全体の組織対応とします。

②チーム援助を行うためには，情報の共有が必要になります。児童生徒の個人情報の守秘義務のまま集団守秘で共有しているのか，個人情報の開示の承諾を得て情報の共有をしているかで，援助方法が異なってきます。ゲートキーパーとなる人は，個人情報開示の承諾を得る必要があります。とても難しいことですが，人間関係を切らずに説得すると，その後の保護者・校内外の専門家との連携がうまくいきます。

の信頼関係を大切に，このまま援助を続けてほしいと依頼される。また養護教諭より，大学カウンセラーの助言が報告された。養護教諭は「交換ノートがこれでよかったか不安だったが，カウンセラーに『いいんじゃないですか』と言われると安心できた」と発言した。

後日，養護教諭から，交換ノートに「もう死なない」と書かれていたと報告された。結果的にC男は希望の高校に合格した。C男は，「卒業できちゃった。普通に過ごせるようになるといいけど，どうだろう」と，卒業のお礼に保健室に来室した。担任には大きな花束が贈られた。

work

問題2　ここでの養護教諭と担任の対応について話し合ってください。

メモ：

[問題2のヒント] 養護教諭と担任の対応

　養護教諭はゲートキーパーですので,「あなたの命は守秘義務より大切だから」と, 個人情報開示の承諾を得る必要がありました。それから養護教諭は, C男と「家庭のだれに話したらよいか」「どのような話し方をしたらよいか」話し合います。その際, タイミングをみて, 担任などが同席するようにします。そして担任と養護教諭は, 家庭訪問をして児童生徒の前で状況を話します。

work

問題3　担任, 養護教諭, 学年主任, 医師, 大学カウンセラー, 校長のそれぞれの役割と, 役割分担の意義を話し合ってください。

問題4　継続的な教育相談委員会（チーム会議）の意義を挙げてください。

メモ：

コラム：教師が元気になる方法

　大野は，生徒の死亡事故を体験した養護教諭について研究しました（大野, 2014）。何人もの，つらい経験をした養護教諭の方を調査し，その内の一人にインタビューをしています。研究では，事故報告書作成，外部からの指示を受けた事後処理，教師や児童生徒からの厳しい一言が，養護教諭をつらい気持ちにさせていることを指摘しています。しかし，毎日保健室にやってくる保健委員の元気な笑顔，医師からの死亡につながる予兆がなかったことの証言，養護教諭仲間のサポートが安定へとつながったことを明らかにしています。

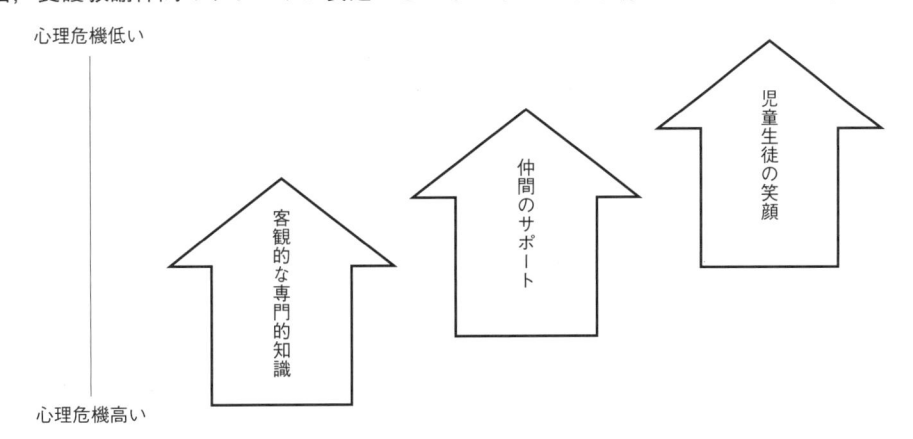

図 15-2　教師の心理危機における安定要因

（心理危機低い／心理危機高い　矢印：客観的な専門的知識，仲間のサポート，児童生徒の笑顔）

　図 15-2 に，教師の心理危機における安定要因を示しました。大野の研究を参考に，客観的な専門的知識，仲間のサポート，児童生徒の元気な笑顔を安定要因としました。キャリアアンカー（仕事をするうえでの自覚された意識）は，さまざまだと思います。したがって，すべての教師に置き換えることができません。参考としてください。客観的な専門的知識，仲間のサポートは，職種をこえて共通する要因だと思います。また，児童生徒の元気な笑顔も，児童生徒が好きな教師ならば，大きな安定要因となることでしょう。

　みなさんは，これから 30 年以上の教師生活のなかで，落ち込むこともあるかもしれません。児童生徒とともに長く元気に教師を続けられるように，この三つの要因を心の隅においてください。

15-03　復　習

　いじめ・虐待，自殺未遂は，児童生徒の命にかかわることもあります。危機の認知バイアスに注意して，冷静に対応します。校長のリーダーシップによって早期につくられた学校援助チーム（校内委員会）の継続的な援助は，教師の役割を有効に機能させます。

そして，①保護者と校外専門家との連携を可能にします。とくに，②校内においては，全教師で，児童生徒の変化に注意します。そのうえで，③支える役割，希望をもたせる役割を分担することは，④担任の安定につながります。そのためには，⑤個人情報開示の承諾を伴う情報の共有が必要となります。

【引用・参考文献】

大野志保（2014）．生徒の死亡事故を体験した養護教諭の気持ちが落ち着くまでのプロセス　名古屋大学 TEM 研究会
警察庁（2014）．平成 25 年中における自殺の状況
文部科学省（2004）．児童虐待防止に向けた学校における適切な対応について
文部科学省（2009）．「教師が知っておきたい子どもの自殺予防」のマニュアル及びリーフレット
Caplan, G. (1959). *Concepts of Mental Health and Consultation: Their Application in Public Health Social Work.* Washington. D. C.: Children's Bureau Publication, No.373.
Kleinhesselink, R. R. & Rosa, E. A. (1994). Nuclear trees in a forest of hazards: A comparison of risk perceptions between American and Japanese University Students. In Lowinger, T. C. & Hinman, G. W. (eds), *Nuclear power at the crossroads: Challenges and prospects for the twenty-first century.* Boulder, CO: International Research Center for Energy and Economic Development, pp.101-120.

［問題3・4のヒント］役割分担と意義

　養護教諭はゲートキーパー，担任は生徒に肯定的感情をもたせるための進路指導，医師は自殺予防，大学カウンセラーは心理の専門家としての助言を行いました。学年主任，校長は学校組織をまとめ，援助チームの促進を図りました。

　教育相談委員会を中心として，複数の専門家の援助チームを形成促進して，長期に生徒とゲートキーパーを支えました。結果として，学校として子どもを守るという目標を達成しました。

おわりに

　これから教師を目指す人，すでに学校現場で教師をしている方たちに，一歩でも先が見えるようにと考え，本書を書きました。教師を目指す人のなかには，アカデミックで基本的で一般的なこと，そして，普遍的なことのみ学べばよいという学生や大学院生もいるかもしれません。学校現場の耳障りな話を聞かない方が，気が楽でしょうか。しかし，現在の日本の学校がかかえている問題は，基本的で一般的なこと，普遍的なことのみでは解決できない状況にあると思います。

　児童生徒は，一人ひとり多様であり，特定のかかわりや特定の環境において成長しているのです。児童生徒は一人ひとり special で，異なる原理や専門性を組み合わせ対応する現実の教育の姿があります。

　逆にいえば，児童生徒を含む日本人一人ひとりが大切にされるすばらしい社会がきたのだと思います。その社会的責任を，児童生徒と最も多く触れあう教師が，先頭をきって担っていると考えると誇らしい思いもします。児童生徒は一人ひとり special であるからこそ，一人の担任教師，一人の生徒指導担当教師，一人の相談担当教師，一人の養護教諭だけでは児童生徒の問題を解決できないと考えます。多様な専門家によるチーム援助が必要となるのです。私の専門は，困難をかかえた児童生徒のためのコーディネーターの研究です。コーディネーターとは，校内外専門家の援助体制を形成し促進する人です。私は，学校現場で不登校，非行，自殺未遂等困難をかかえた生徒の援助を長年してきました。結果として校内外の専門家によるチーム援助でしか，生徒や担任教師を活かすことができませんでした。これが現在の日本の学校の現実だと思います。

　私は，高校教諭として 30 代後半から大学院に通いながら，学校教育相談担当教師を続けてきました。目の前の生徒をどうするかということで，頭がいっぱいでした。教科指導・生徒指導においても，大学院の専門家に学びながら教師を続けることができたと思います。愛知教育大学大学院では，西村洲衞男先生，生島博之先生，長坂正文先生，名古屋大学大学院では，村瀬聡美先生，森田美弥子先生，石井秀宗先生をはじめとする名古屋大学大学院教育学研究科の先生方にご指導いただきました。先生方はアカデミズムに身を置きながらも，学校の事例においても常に理解を示し，問題点を的確に示唆してくださいました。どこの学校にもある多くの事例を参考にして本書は生まれています。事例を示すばかりでは，伝達可能な意味のあるレベルにすることはできません。これらの先生方のご指導があって，一定の理論化を行うことができました。さらに名古屋大学大学院石井秀宗先生，友人の村田朝子様，京都教育大学大学院連合教職実践研究科の藤木愛加様，浅井良樹様，インドにいる小島（松本）みゆき様，ナカニシヤ出版の面髙悠様，米谷龍幸様には，企画・初稿の段階から丁寧に赤字をいれてくださり，デザインも考えてくださいました。一冊の本が，非常に多くの専門家によって作られる文化であることを感じさせてくれました。感謝の気持ちで一杯です。この本が日本の学校の発展に貢献できればと願っております。

2015 年 6 月
石川美智子

事項索引

ア行

愛着の喪失　36
愛着理論　35
アイデンティティの確立と役割の混乱　38
アサーション・スキル　57
アセスメント　129
アッシュの実験　109
アンガー・マネジメント　57
安全基地効果　35
安全配慮義務　99, 105
安全欲求　40

移行対象　35
いじめ
　——加害者停止理由　109
　——が健康のリスク要因　103
　——自殺の予見可能性　105
　——の実態，全容把握義務　105
　——の態様　102
　——の定義　99, 100, 101
　——の4層構造　103
　——防止対策推進法　99, 101, 106
　——を許さないという姿勢　110
いじめられる児童生徒　104
いじめる児童生徒　104
いじり　107
イチャモン型　74
インクルージョン　80
インシデント・プロセス　96
インフォームド・コンセント　12

ウェクスラー検査　32
運動能力障害　81

エゴグラム　31
援助したほど指導が入る　36
援助チームを形成促進　152
援助のための専門性　122, 126

OECD国際教員指導環境調査　5
大河内清輝君事件　100, 103
大津いじめ自殺事件　103

カ行

外言　41
ガイダンス理論　13
開発的生徒指導　19, 46
快楽原則　15
カウンセリング・マインド　14, 94
加害生徒への指導　105
抱え込まず放り出さず　96
学習障害　81
家族画　32
課題対応能力　65
片親家庭　72
学校
　——依存型　74
　——画　32
　——生活意欲　26
　——のいじめの傾向　107
　——の「抱え込み」　14
　——の組織対応と校長のリーダーシップ　110
学校長のリーダーシップ　74
家庭訪問　30
からかい　107
観察法　29
観衆　104

危機対応　141
　——計画　142
危機認知の「ゆがみ」　145
危機の意義　142
危機の認識　144
危険因子　145
基礎的・汎用的能力　65
機能論　17
基本的信頼と基本的不信　37
キャリア　63
　——・アンカー　65
　——教育　61, 63, 110
　——心理学　64
　——適応力　6
　——デザイン　1, 5
　——プランニング能力　65
　——を自ら作りあげる　65
教育相談担当教師　118

カ行（続き）

教科指導　48
恐喝　107
共感的な人間関係を育成する　45
教師採用平均年齢　8
教師としての「得意分野」「不得意分野」　7
教師の心理危機における安定要因　151
強要　107
切る父性的指導　15
勤勉対劣等感　37

具体的思考　41
クライエント中心療法　13

計画的偶発性理論　65
経験バイアス　145
K-ABC検査　32
ゲートキーパー　148, 150
権限　89, 124
現実原則　15

高機能自閉症　81
構成的グループエンカウンター　58, 59
校内援助体制　129
校内外各専門家へのコーディネーション活動　119, 121
校内外の情報からアセスメント　119
校内のコーディネーション活動　123
コーディネーション活動　134
コーディネーター　14
　——の条件　126
　——の役割　122
個人情報の開示の承諾　148
個人情報の守秘義務　148
子育てへの不安　72
コミュニケーション障害　81

サ行

サラマンカ宣言　80
自己啓発等休業制度　8

索　引

自己決定の場を与える　45
自己肯定感　40
自己実現　45
　　──の欲求　39
　　──理論　39
自己指導能力　45, 46
自己存在感を与える　45
自己理解・自己管理能力　65
自殺未遂　141
自尊感情　26, 40
質問紙　31
児童生徒アセスメント　23
　　──の統合　28
　　──の領域　24
児童生徒の心の健康に関する問題　125
児童生徒の理解　23
自発性対罪意識　37
自閉症スペクトラム障害　81
社会構成主義　12
社会的学習理論　41
社会文化的発達理論　41
集団守秘　148
集団的いじめ防止指導義務　105
障がい（障害）
　　運動能力──　81
　　学習──　81
　　コミュニケーション──　81
　　自閉症スペクトラム──　81
　　注意欠陥多動性──　81
　　二次──　79, 82, 95
　　発達──　79, 81
情報の共有　148
情報の共有と組織的対応義務　105
職務葛藤　6
自律訓練法　58
自律性対恥と疑惑　37
事例別校外専門機関　137
人権問題　99, 103
信頼関係　132
心理教育　52, 53
　　──の構造　53
心理劇　59
心理・社会的発達論　36
進路選択自己効力感　26, 62, 64
スクール・カウンセラー　85
　　──制度　14

スクール・サイコロジスト　85
スクール・ソーシャルワーカー　85
　　──制度　14
ストレス・マネジメント教育　56
スレット・エラーマネジメント　143
正常化バイアス　144
正当型　74
生徒指導提要　18, 19
生徒指導の3機能　45, 48
生徒指導の歴史的変遷　13
生理的欲求　39
専門機関のスタッフ　138
専門性　89
早期発見のためのアンケート調査　111
葬式ごっこ事件　100
ソーシャル・スキル・トレーニング　56

タ行

第二の分離 - 個体化　35
体罰　114
　　──の周辺　114
　　──を行う教師の心理　114
滝川市立江部乙小学校いじめ自殺事件　100
担任に見捨てられた　95
チーム援助　14, 118, 126, 134, 148
　　──の必要性　89
　　──の成立条件　89
チーム会議　150
注意欠陥多動性障害　81
抽象的思考　41
治療的生徒指導　18
追跡調査　93
通級指導教室　84
通常学校　84
包み込む母性の援助　15
同性同輩の親密な関係　38
同調　109, 112
同調バイアス　144
道徳・共感的いじめ予防心理教育

　110
徳　36
特別支援
　　──学級　84
　　──学校　84
　　──教育コーディネーター　83, 86
　　──教育支援員　84
特別なニーズ教育に関する原則　80
特別なニーズを必要とする児童生徒　24

ナ行

内言　41
二次障がい　79, 82, 95
人間関係形成・社会形成能力　65
認知発達学習理論　42

ハ行

バームテスト　32
バーンアウト　7
発達課題　34, 36
　　──に失敗した場合　36
　　──に成功した場合　36
発達障がい　79, 81
発達障害者支援法　83
発達の最近接領域　41
パニック　85
ピアサポーター側の心理的負担　58
ピアサポーターの心理的特質　58
ピアサポート　57, 111
被害生徒への拡大防止義務　105
引き継ぎ　136
非構成的エンカウンター　58
必要なタイミングで援助　96
ビネー検査　32
描画　30
不登校　88
　　──生徒に関する追跡調査　90
　　──の定義　89
分離 - 個体化　35
分離不安　35
ヘリコプターペアレント　74

変化と危機　35

傍観者　104, 109
暴行　107
保護者との連携　70
保護者の孤立　71

マ行

未経験バイアス　145

面接法　30

物を隠す　107
モンスターペアレント　74

ヤ行

役割分担　134
　　——と意義　152

ユニバーサルな学級づくり　85

要保護及び準要保護児童生徒　71
予防的生徒指導　18

ラ行

楽観主義バイアス　145

領域論　17

連携　136

ワ行

ワーク・ライフ・バランス　64
わが子中心型　74

人名索引

A-Z
Arseneault, L.　103
Carr, R.　57
Jimerson, S. R.　55
Kleinhesselink, R. R.　144
McDonald, F. J.　41
Milgram, S.　114
Rosa, E. A.　144
Super, D. E.　61
Winnicott, D. W.　35

ア行
アイヒマン　114
安住ゆう子　57
アッシュ（Asch, S. E.）　109, 112
アドラー（Adler, A）　39
新井邦二郎　31
有賀美恵子　57
有村久春　13

五十嵐哲也　31, 32
石川美智子　3, 20, 23, 49, 57, 58, 61, 76, 86, 97, 124, 126, 135
石隈利紀　28, 55

入澤充　75
岩田昌太郎　23

ヴィゴツキー（Vygotsky, L. S.）　41, 42
鵜養美昭　13
牛島定信　39
宇留田麗　13

エインスワース（Ainsworth, M. D. S.）　35
繪内利啓　31
エリクソン（Erikson, E. H.）　36, 37, 39

大野志保　151
大野太郎　56
大濱祐司　26
大村はま　46, 47, 48
岡崎友典　74
岡村春雄　53
岡村達也　92
尾木和英　23
奥住秀之　40

表美貴　31
小野田正利　74

カ行
カウフマン, A.　28
数井みゆき　35
樺澤徹二　24
カプラン（Caplan, G.）　142
神谷栄司　41
河村茂雄　16, 17, 26, 31, 62

久芳美恵子　40
熊丸光男　99
倉澤栄吉　46
栗原慎二　57
クルンボルツ（Krumboltz, J. D.）　65

コーチン, S. J.　58
古川雅文　26
國分康孝　59
越川房子　56, 57, 110

索　引

サ行

桜井茂男　*26*
佐々木正輝　*55*
佐藤宏平　*108*
佐藤晴雄　*74*
サリヴァン（Sullivan, H. S.）　*38, 92*

清水美緒　*40*
シャイン（Schein, E. H.）　*61, 65*
シュルツ, J. H.　*58*
庄司一子　*31*

菅原正和　*55*
杉本希映　*31, 32*
住田正樹　*74*

セリエ（Selye, H.）　*56*

タ行

高木亮　*6, 7, 8*
滝川一廣　*81*
武井明　*82*
田島賢侍　*40*
田邊昭雄　*108*
田村節子　*136*

常本直史　*46*

戸野香　*93*

ナ行

中井大介　*13, 31*
中里和裕　*52*
中村玲子　*56, 57, 110*
中山勘次郎　*40*

西田依子　*40*
西山久子　*58*

ハ行

ハー, E. L.　*6, 10*
バーン, E.　*31*
橋本俊顕　*82*
波多野完治　*41*
服部祥子　*72*
馬場礼子　*30*
原田正文　*72*
バンデューラ（Bandura, A.）　*41, 42, 64*

ピアジェ（Piaget, J.）　*41, 42*
平木典子　*57*
廣嶋憲一郎　*23*

福島章　*97*
藤永保識　*39*
藤原和政　*62*
ブルーナー（Bruner, J. S.）　*42*
フロイト（Freud, S.）　*15, 36, 39*
ブロス（Blos, P.）　*35*

マ行

マーラー（Mahler, M. S.）　*35*
マズロー（Maslow, A. H.）　*39, 40, 45*
松浦直己　*82*

宮前義和　*31*

望月研吾　*111*
森川澄男　*57*
森田洋司　*103, 104*
モレノ, J. L.　*59*

ヤ・ラ・ワ行

谷島弘仁　*31*
山本幸生　*62*

吉田達也　*40*

ロジャーズ, C.　*13*

渡辺美枝子　*6, 10*
ワッツ（Watts, A. G.）　*61, 65*

ボウルビィ（Bowlby, J.）　*35*
ホーランド（Holland, J. L.）　*38, 61*
保坂亨　*92*
堀洋道　*31*
袰岩秀章　*52*
本田千惠　*93*
本間友巳　*40, 108, 109, 111*

著者紹介

石川美智子（いしかわ・みちこ）
京都教育大学大学院教授・佛教大学教育学部特任教授。
名古屋大学大学院博士課程後期課程修了。博士（心理学）。
主著に,『高校相談活動におけるコーディネーターとしての教師の役割―その可能性と課題』（ミネルヴァ書房, 2015年）他。

チームで取り組む生徒指導
アクティブ・ラーニングを通して深く学ぶ・考える

2015年7月30日　初版第1刷発行	（定価はカヴァーに表示してあります）

　　　　　　著　者　　石川美智子
　　　　　　発行者　　中西健夫
　　　　　　発行所　　株式会社ナカニシヤ出版
　　　〒606-8161　京都市左京区一乗寺木ノ本町15番地
　　　　　　　　　　Telephone　　075-723-0111
　　　　　　　　　　Facsimile　　075-723-0095
　　　　　　Website　　http://www.nakanishiya.co.jp/
　　　　　　E-mail　　iihon-ippai@nakanishiya.co.jp
　　　　　　　　　　郵便振替　01030-0-13128

装幀＝白沢　正／印刷・製本＝ファインワークス
Copyright © 2015 by M. Ishikawa
Printed in Japan.
ISBN978-4-7795-0927-8

本書のコピー，スキャン，デジタル化等の無断複製は著作権法上の例外を除き禁じられています。本書を代行業者の第三者に依頼してスキャンやデジタル化することはたとえ個人や家庭内の利用であっても著作権法上認められていません。

学科またはコースなど（　　　　　　）　学籍番号（　　　　　　　　）
　　予備番号（　　　　　　）　氏名（　　　　　　）

_____
_____
_____
_____
_____
_____
_____
_____
_____
_____
_____
_____
_____
_____
_____
_____
_____
_____
_____
_____

※この用紙は提出します。出席表にもなります。
※アクティブラーニング・導入問題・復習問題のメモ・授業の感想などに使用してください。
※返却の有無は，先生に確認してください。
※そのほか，先生の指示にしたがって，用紙を使用してください。

学科またはコースなど（　　　　　　）　学籍番号（　　　　　　　）
　　予備番号（　　　　　　）　氏名（　　　　　　　）

_____
_____
_____
_____
_____
_____
_____
_____
_____
_____
_____
_____
_____
_____
_____
_____
_____
_____
_____
_____
_____
_____

※この用紙は提出します。出席表にもなります。
※アクティブラーニング・導入問題・復習問題のメモ・授業の感想などに使用してください。
※返却の有無は，先生に確認してください。
※そのほか，先生の指示にしたがって，用紙を使用してください。

学科またはコースなど（　　　　　　）　学籍番号（　　　　　　　）
　　予備番号（　　　　　　）　氏名（　　　　　　）

_____
_____
_____
_____
_____
_____
_____
_____
_____
_____
_____
_____
_____
_____
_____
_____
_____
_____
_____
_____
_____
_____
_____
_____

※この用紙は提出します。出席表にもなります。
※アクティブラーニング・導入問題・復習問題のメモ・授業の感想などに使用してください。
※返却の有無は，先生に確認してください。
※そのほか，先生の指示にしたがって，用紙を使用してください。

学科またはコースなど（　　　　　　）　学籍番号（　　　　　　　）
　　予備番号（　　　　　　）　氏名（　　　　　　）

_____
_____
_____
_____
_____
_____
_____
_____
_____
_____
_____
_____
_____
_____
_____
_____
_____
_____
_____
_____
_____
_____
_____

※この用紙は提出します。出席表にもなります。
※アクティブラーニング・導入問題・復習問題のメモ・授業の感想などに使用してください。
※返却の有無は，先生に確認してください。
※そのほか，先生の指示にしたがって，用紙を使用してください。

学科またはコースなど（　　　　　　　）　学籍番号（　　　　　　　　）
　　予備番号（　　　　　　）　氏名（　　　　　　　　）

_____
_____
_____
_____
_____
_____
_____
_____
_____
_____
_____
_____
_____
_____
_____
_____
_____
_____
_____
_____

※この用紙は提出します。出席表にもなります。
※アクティブラーニング・導入問題・復習問題のメモ・授業の感想などに使用してください。
※返却の有無は，先生に確認してください。
※そのほか，先生の指示にしたがって，用紙を使用してください。

学科またはコースなど（　　　　　　）　学籍番号（　　　　　　　）
　　予備番号（　　　　　　）　氏名（　　　　　　）

_____
_____
_____
_____
_____
_____
_____
_____
_____
_____
_____
_____
_____
_____
_____
_____
_____
_____
_____
_____

※この用紙は提出します。出席表にもなります。
※アクティブラーニング・導入問題・復習問題のメモ・授業の感想などに使用してください。
※返却の有無は，先生に確認してください。
※そのほか，先生の指示にしたがって，用紙を使用してください。

学科またはコースなど（　　　　　　）　学籍番号（　　　　　　　）
　　予備番号（　　　　　　）　氏名（　　　　　　　）

_____
_____
_____
_____
_____
_____
_____
_____
_____
_____
_____
_____
_____
_____
_____
_____
_____
_____
_____
_____
_____
_____

※この用紙は提出します。出席表にもなります。
※アクティブラーニング・導入問題・復習問題のメモ・授業の感想などに使用してください。
※返却の有無は，先生に確認してください。
※そのほか，先生の指示にしたがって，用紙を使用してください。

学科またはコースなど（　　　　　　　）　学籍番号（　　　　　　　）
　　予備番号（　　　　　　）　氏名（　　　　　　　）

※この用紙は提出します。出席表にもなります。
※アクティブラーニング・導入問題・復習問題のメモ・授業の感想などに使用してください。
※返却の有無は，先生に確認してください。
※そのほか，先生の指示にしたがって，用紙を使用してください。

学科またはコースなど（　　　　　　）　学籍番号（　　　　　　　）
　　予備番号（　　　　　　）　氏名（　　　　　　　）

※この用紙は提出します。出席表にもなります。
※アクティブラーニング・導入問題・復習問題のメモ・授業の感想などに使用してください。
※返却の有無は，先生に確認してください。
※そのほか，先生の指示にしたがって，用紙を使用してください。

学科またはコースなど（　　　　　　　）　学籍番号（　　　　　　　）
　　予備番号（　　　　　　）　氏名（　　　　　　）

※この用紙は提出します。出席表にもなります。
※アクティブラーニング・導入問題・復習問題のメモ・授業の感想などに使用してください。
※返却の有無は，先生に確認してください。
※そのほか，先生の指示にしたがって，用紙を使用してください。

学科またはコースなど（　　　　　　　）　学籍番号（　　　　　　　）
　　予備番号（　　　　　　）　氏名（　　　　　　　）

_____
_____
_____
_____
_____
_____
_____
_____
_____
_____
_____
_____
_____
_____
_____
_____
_____
_____
_____
_____
_____
_____

※この用紙は提出します。出席表にもなります。
※アクティブラーニング・導入問題・復習問題のメモ・授業の感想などに使用してください。
※返却の有無は，先生に確認してください。
※そのほか，先生の指示にしたがって，用紙を使用してください。

学科またはコースなど（　　　　　　）　学籍番号（　　　　　　　）
　　予備番号（　　　　　）　氏名（　　　　　　　）

_____
_____
_____
_____
_____
_____
_____
_____
_____
_____
_____
_____
_____
_____
_____
_____
_____
_____
_____
_____
_____
_____
_____

※この用紙は提出します。出席表にもなります。
※アクティブラーニング・導入問題・復習問題のメモ・授業の感想などに使用してください。
※返却の有無は，先生に確認してください。
※そのほか，先生の指示にしたがって，用紙を使用してください。

学科またはコースなど（　　　　　　）　学籍番号（　　　　　　　）
　　予備番号（　　　　　　）　氏名（　　　　　　　）

※この用紙は提出します。出席表にもなります。
※アクティブラーニング・導入問題・復習問題のメモ・授業の感想などに使用してください。
※返却の有無は，先生に確認してください。
※そのほか，先生の指示にしたがって，用紙を使用してください。

学科またはコースなど（　　　　　　　）　学籍番号（　　　　　　　　）
　　予備番号（　　　　　　）　氏名（　　　　　　　）

_____
_____
_____
_____
_____
_____
_____
_____
_____
_____
_____
_____
_____
_____
_____
_____
_____
_____
_____
_____
_____
_____
_____

※この用紙は提出します。出席表にもなります。
※アクティブラーニング・導入問題・復習問題のメモ・授業の感想などに使用してください。
※返却の有無は，先生に確認してください。
※そのほか，先生の指示にしたがって，用紙を使用してください。

学科またはコースなど（　　　　　　）　学籍番号（　　　　　　　　）
　　予備番号（　　　　　　）　氏名（　　　　　　　）

※この用紙は提出します。出席表にもなります。
※アクティブラーニング・導入問題・復習問題のメモ・授業の感想などに使用してください。
※返却の有無は，先生に確認してください。
※そのほか，先生の指示にしたがって，用紙を使用してください。

学科またはコースなど（　　　　　　）　学籍番号（　　　　　　　）
　　予備番号（　　　　　　）　氏名（　　　　　　　）

_____
_____
_____
_____
_____
_____
_____
_____
_____
_____
_____
_____
_____
_____
_____
_____
_____
_____
_____
_____
_____
_____

※この用紙は提出します。出席表にもなります。
※アクティブラーニング・導入問題・復習問題のメモ・授業の感想などに使用してください。
※返却の有無は，先生に確認してください。
※そのほか，先生の指示にしたがって，用紙を使用してください。